Jürg M. Lattmann/Jacques Trachsler/Felix Horlacher

DAS NEUE SPARBUCH

Aus der Reihe:
GELD-REZEPTE MIT PEP

WERDVERLAG

Alle Informationen in dieser Publikation sind sorgfältig und nach bestem Wissen ermittelt und dargestellt worden. Trotzdem können Fehler oder Auslassungen nicht ausgeschlossen werden. Eine Gewähr für Richtigkeit besteht daher nicht. Konsultieren Sie vor wichtigen Geldentscheidungen nötigenfalls einen Finanzplaner.

Lektorat:	Christina Sieg, Berikon
Gestaltung:	Joseph Haas Art Direction, Zürich
Illustrationen:	Johann Sonderegger, Marthalen

ISBN 3-85932-190-0

Inhalt:

Liebe Leserin, lieber Leser...

...dieses Buch ist das Konzentrat unserer Erfahrungen im Umgang mit Menschen und deren Geld. Es handelt vom Aufbauen von Vermögen, vom Sparen – also vom Bedürfnis und Streben nach finanzieller Sicherheit.

Um sich sicher zu fühlen, braucht der Mensch Vertrauen. Vertrauen geht häufig verloren, wenn Bewährtes sich als nicht mehr zeitgemäss und bedarfsgerecht erweist – und genauso häufig fällt es schwer, sich neuen Möglichkeiten zu öffnen.

Geld hat eine nicht zu unterschätzende emotionale Seite. Das gilt insbesondere für Einsteiger, die den althergebrachten Sparmethoden adieu sagen möchten, sich aber in der Welt von Aktien, Obligationen oder Gold noch nicht zuhause fühlen.

Wir haben dieses Buch geschrieben, um Ihnen immer wiederkehrende Grundsatzfragen zum Thema Geld zu beantworten und um Sie damit vertraut zu machen, in Geldangelegenheiten strategisch zu denken.

Wir haben das Buch auch geschrieben, weil dem Geld, das Sie erarbeiten, Gewicht gebührt und weil wir Ihre Sorgen ernst nehmen. Wir möchten Sie in Ihrem Interesse bestärken und unterstützen, Ihr Geld so rentabel und steuergünstig wie möglich anzulegen.

Unsere Väter überzeugten seinerzeit unsere Grossväter, den Sparstrumpf unter der Matratze hervorzuholen und ihn auf die Bank zu tragen. Wir hoffen, dass wir Ihnen mit diesem Buch Mut machen, Ihren ganz persönlichen Weg in eine Welt der Banken, Versicherungen und neuerdings Fondsgesellschaften zu finden, in die wir Sie nun begleiten.

Als Übersicht und Start: Die am häufigsten gehörten Einwände betreffend Geldsparen.

Aktien? Ich bin doch kein Spekulant!

Seite 20, 22, 47, 53

Muss ich überhaupt sparen?

Seite 10

Nützt eh nix.
Der Staat nimmt alles wieder

Seite10, 24, 69

Lachhaft tiefe Renditen und Zinsen.

Seite 16

Die Inflation frisst am Schluss doch alles weg.

Seite 16, 17, 23, 27, 39

10%?
Das muss unseriös sein.

Seite 17, 20

Ich habe noch lange Zeit.

Seite 34

Wenn schon, dann subito.

Seite 40, 49

Mein Sparen nützt sowieso nur der Bank.

Seite 61, 68

Keine Chance mehr, für mich zu spät.

Seite 34, 40

Man wird eh nur abgezockt.

Seite 59, 61, 64, 71, 72

Ich bringe nicht genügend auf die hohe Kante.

Seite 32, 33, 40, 42

1

DIE SIEBEN WICHTIGSTEN GELDEINSICHTEN DER PROFIS

In diesem 1. Teil lesen Sie:

- ☛ **mit welchen grossen Trends Sie rechnen müssen**
- ☛ **warum Sie sparen sollten**
- ☛ **wie Ertrag und Risiko miteinander verbunden sind**
- ☛ **wie Sie mit Geld Geld sparen können**
- ☛ **wie Sie mit Sachen Geld sparen können**
- ☛ **wie Sie womit wieviel Steuern sparen können**
- ☛ **wie Sie Ihr Risiko begrenzen**

Geld-Engpässe drohen – wer nicht vom Wohlwollen von Staat und Politikern abhängig sein will, muss selber sparen.

Ökonomen und Sozialwissenschafter haben uns für die kommenden Jahrzehnte deutlich vorgewarnt:

Soziale Unterbilanz. Die sozialen Netze sind zu teuer geworden und produzieren wuchernde Defizite. Auch in den einst als fortschrittlich gerühmten Staaten wie Schweden oder Holland hat eine Rückwärtsentwicklung begonnen.

Überalterung. Die Solidarität der Generationen stösst an ihre Grenzen, weil immer weniger Erwerbstätige für immer mehr Pensionierte zahlen müssen. Auch in der Schweiz kippt nach dem Jahr 2000 die AHV-Rechnung: Es fliesst mehr Geld aus der Kasse hinaus als hereinkommt.

Mehr Lohnprozente. Der Staat braucht Geld und nimmt es sich. Es ist absehbar, dass der Widerstand der Zahlenden bald keine höheren Sozialeinnahmen mehr zulässt. Zu hohe Abgaben und Lohnprozente gehen ausserdem zu Lasten der Wettbewerbsfähigkeit eines Landes.

Weniger Sozialleistungen. Das ist die Alternative zu den höheren Abgaben, mit der wir uns früher oder später in irgendeiner Form arrangieren müssen.

Die 50er Jahre brachten uns die Baby-Boom-Generation...

… und fürs
kommende Jahrhundert die
Baby-Boom-Pensionäre.

Steigende Staatsdefizite und -schulden. Eine gute Konjunktur übertüncht nur die anfangs der 90er Jahre aufgebrochenen Verschuldungsprobleme der Industrienationen. Bange Erwartungen für die nächste Rezession.

Höhere Steuern. Steuersenkungen sind fast so selten wie die Abschaffung einer Steuer überhaupt. Höhere Steuern beschneiden das finanzielle Potential für die Selbstvorsorge.

Kaufkraftverlust. Mit durchschnittlich 3,5% Inflationsrate wie seit 1950 halbiert sich selbst der Geldwert von Hartwährungen wie Franken oder D-Mark innert zwanzig Jahren.

Pensionskassengeld. Dies ist meist viel zu wenig in inflationssicheren Sachwerten, vor allem Aktien, investiert. Die Folge sind Erträge, die nur knapp über der Inflationsrate liegen. In Zeiten hoher Inflation entstehen Einbussen, und in normalen Zeiten verliert man Geld, weil die höhere Langzeit-Rendite mit Aktien verschenkt wird.

Selbst wenn dies in so geballter Weise entmutigend klingt: Es besteht kein Grund, fatalistisch aufzugeben. Sie haben die Chance, selbst die Regie über Ihre Finanzen zu übernehmen und Ihre finanzielle Zukunft zu sichern. Sei es als Sparer, Anleger oder Rentner. Es beginnt mit dem **Vermögensaufbau, dem richtigen strategischen Sparen.** Dazu auf den nächsten Seiten die wichtigsten Grundsätze.

Grundsatz 1: Hoher Ertrag gleich hohes Risiko. Das gilt immer und ewig.

Stellen Sie sich vor, Sie werden gebeten, etwas Geld zu verleihen. Von welchem der beiden abgebildeten Herren würden Sie - ganz spontan - mehr Zinsen verlangen? Sehen Sie, wir auch.

Wenn er überhaupt Geld bekommt, dann ist es sehr teuer. Weil nicht ganz sicher erscheint, ob er das Geld zurückzahlt. Sie können mit dem Risiko, das Sie eingehen, also eine ganze Menge Geld verdienen.

Bei Ihrem guten alten Freund sieht es anders aus. Weil Sie wissen, dass er geliehenes Geld zurückzahlt, sobald er wieder flüssig ist, geben Sie es ihm zum marktüblichen Zinssatz.

Oder aber: Sie wissen von der Notlage, in der sich Ihr Freund befindet. Er braucht innerhalb von 24 Stunden Geld. Dann kostet es ihn mehr, denn Sie fragen sich, womit er sich übernommen hat - und damit stellt auch er ein gewisses Risiko dar.

Beachten Sie: Wem immer Sie Ihr Geld ausleihen - Sie verknüpfen das Schicksal Ihres Geldes stets mit einem Zahlungsversprechen. Ihre Anlage in *Geldwerte* ist immer genauso viel wert wie die (Rück-)Zahlungsfähigkeit Ihres Schuldners.

Grundsatz 2: Reduzieren Sie Ihr Risiko – Unterscheiden Sie zwischen Geld- und Sachwerten!

Geldwerte sind Zahlungsversprechen. Mit Geldwerten geben Sie einem Schuldner Kredit. Zum Beispiel einer öffentlichen Körperschaft, einer Bank, einer Unternehmung. Sie erhalten dafür einen Zins und (hoffentlich) Ihr verliehenes Geld zum Tilgungstermin zurück.

Typische Geldwerte sind: Sparheft, Kassaobligationen, Obligationen, Festgeld, Geldmarktanlagen, Lebensversicherungspolicen, Guthaben in der Pensionskasse (de facto) und der Vorsorgesäule 3a (meistens).

Sachwerte sind Eigentum. Mit Sachwerten sind Sie Eigentümer oder Miteigentümer an Aktiengesellschaften, Immobilien, Edelmetallen. Sie haben teil am Wertzuwachs der Anlage und bei Aktien am Gewinn (oder Verlust) der Unternehmung.

Typische Sachwerte sind: Aktien, Immobilien, Gold und andere Edelmetalle sowie Rohstoffanlagen. Die ideale Risikobegrenzung erzielen Sie mit der Wahl von Anlagefonds für diese Sachwertgebiete.

Von Aktie bis Zerobond – acht Möglichkeiten für Ihr Eingemachtes.

RISIKO

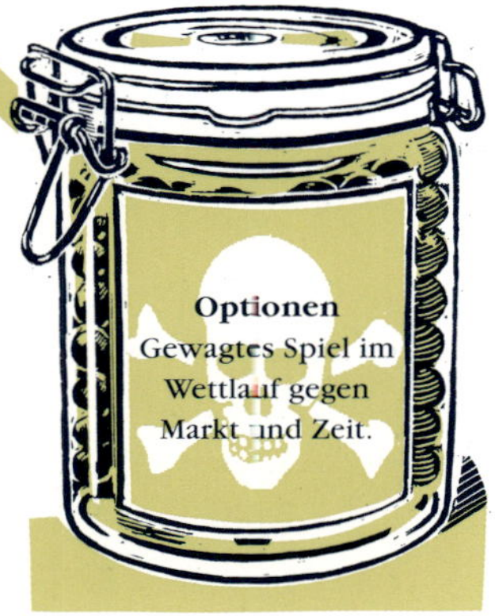

Auf acht übliche Sparmöglichkeiten beläuft sich das Grundangebot der Finanzinstitute. Zu unterscheiden sind sie zum einen nach ihrem Anlagerisiko (vertikaler Pfeil) und zum anderen nach der empfehlenswerten Anlagedauer (horizontaler Pfeil).

Ausser beim Bankkonto und den Optionen stehen Tausende von Anlagefonds für die Zubereitung Ihres monetären «Eingemachten» zur Verfügung, so dass Sie je nach Wunsch und Bedarf (Steuern sparen, Vermögen bilden, fürs Altervorsorgen etc.) und Ihrer persönlichen Risikofreudigkeit wählen können.

Beginnen wir mit den beiden Extremen Option und Bankkonto. **Optionen** oder **Termingeschäfte** (sogenannte Futures) haben eigentlich nicht viel mit Sparen zu tun, sondern gleichen vielmehr einem Gewinnspiel im Wettlauf gegen die Zeit.

Weniger nervenaufreibend ist das **Bankkonto**. Vorteil: Es ist in der Schweiz mit einem Betrag von 30'000 Franken pro Person und Bankkonto versichert, und Sie erhalten stets einen gewissen Zins, auch wenn der Zinssatz mal hinauf und mal hinunter geht. Nachteil: Leider sind mit dieser Sparmethode auf längere Sicht die Kaufkraftverluste vorprogrammiert. Bei 3,8% Durchschnittszins minus 3,5% Durchschnittsinflation minus Einkommenssteuer haben Sie in zwanzig Jahren vielleicht soviel gespart, wie Ihr Traumauto heute kostet – aber bis dann ist es wahrscheinlich doppelt so teuer. Das Bankkonto ist also nur interessant, wenn Ihr Auto demnächst geliefert wird: als Kurzzeitparkplatz.

Einen etwas höheren Durchschnittsertrag erzielen Sie mit **Festgeld,**

Obligationen, Kassaobligationen und **Zerobonds.**
Vorteil: Ihr Schuldner garantiert Ihnen Ihr ganzes Kapital und einen bestimmten festen Zinssatz. Nachteil: Stimmt die

Bonität Ihres Schuldners jederzeit? Und, vor allem wenn Sie ein hohes Einkommen haben: Der Zinsertrag ist voll zu versteuern. Der Weg aus der Steuerfalle sind Obligationen mit möglichst tiefem Zinssatz, die allerdings eben wegen ihres Steuervorteils begehrt und rar und daher nur mit viel Glück als Occasion erhältlich sind. Ein mehr oder weniger grosser Teil des

Ertrags entsteht dann als steuerfreier Kursgewinn bis zur Rückzahlung der Obligation zum Nennwert.

Völlige Steuerfreiheit geniessen Sie mit **Kapitalversicherungen.** Policen mit regelmässiger Prämienzahlung sind immer steuerfrei, Einmaleinlagen unter zwei Bedingungen: Der Versicherte

muss bei der Rückzahlung mindestens 60 Jahre alt sein und die Police muss eine Mindestlaufzeit von 5 Jahren haben.

Alle bis jetzt genannten Spartöpfe haben zwei grosse Gemeinsamkeiten: Sie sind Geldwerte. Und sie weisen Renditen auf, die unter oder nur knapp über der Inflationsrate liegen. Nagen dann nebst der Inflation auch noch

Steuern an der Rendite, sind auf Dauer Kaufkrafteinbussen unvermeidlich.

Sachwerte dagegen – **Aktien, Immobilien, Edelmetalle** – bergen dieses Kaufkraftrisiko nicht im gleichen Mass. Die langfristig hohe Rendite lässt nach Abzug von Inflation und Steuern einen realen Zuwachs übrig. Anderseits sind Sachwerte dem Spiel der Finanzmärkte (Aktien-, Rohstoffbörsen usw.) und damit

immer kurzfristigen Wertschwankungen ausgesetzt. Sie eignen sich daher als Langfristanlage, wenn man sicher in die Gewinnzone fahren will.

Aktien sind mit einer langfristigen Durchschnittsrendite von 8 bis 9% die Spitzenreiter unter den Sachwerten.

ANLAGEDAUER

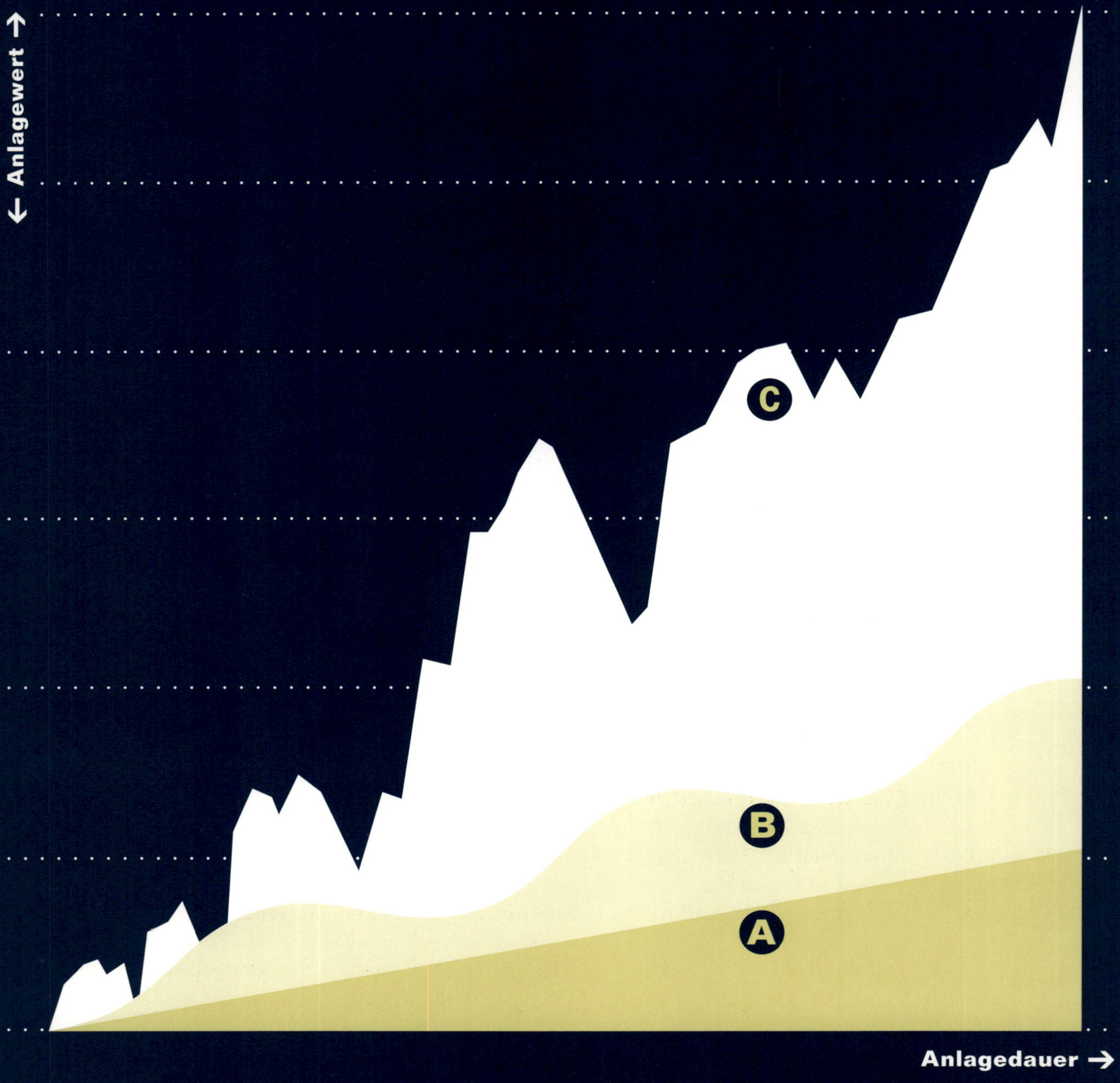
← Anlagewert →
C
B
A
Anlagedauer →

Grundsatz 3: Auf welchem Weg sähen Sie sich am liebsten? Sparheft? Obligationen? Aktien?

Nehmen wir an, Sie müssten sich heute festlegen, auf welchem Weg, also auf welcher Kurve im Diagramm Sie mit Ihren Ersparnissen künftig nach oben kommen wollen. Zur Wahl stehen Ihnen drei Wege:

A Der kontinuierliche, sichere Weg mit Sparheft, Geldmarkt, Festgeld.
B Der leicht gewundene Weg mit Obligationen (oder gemischten Anlagen).
C Der stark verwinkelte Weg mit Aktien.

Auf dem Weg A geht es langsam und gemächlich aufwärts, dafür aber sicher ohne Schwankungen. Obligationen (Weg B) sind regelmässigen Wertschwankungen unterworfen, die aber nur leichte Ausschläge verursachen. Der schnellebige Überraschungsgarant Aktien führt ein sehr bewegtes Leben auf dem Weg C, bringt es aber weiter als alle anderen Anlagen.
Die Qual der Wahl ist offensichtlich: Unser Verlangen nach hoher Rendite (oder auch nur nach Kaufkrafterhaltung) führt uns auf Weg C, unser Sicherheitsbedürfnis spricht für Weg A. Wie Sie dieses Dilemma auflösen, zeigen wir Ihnen weiter hinten (Seiten 52/53). Zunächst aber ein paar Erkenntnisse über Aktien.

Grundsatz 4:
Aktien schlagen alles. Meistens.

Ein Betrag von 100 Franken, 1926 investiert in Schweizer Aktien, ist bis Ende 1995 auf einen Wert von 20'323 Franken gestiegen. 100 Franken in Franken-Obligationen angelegt, sind – brutto, vor Abzug der Einkommenssteuern – nur auf 2'276 Franken gewachsen*. Neunmal weniger als die Aktien.
Oder in Prozenten ausgedrückt: Obligationen brachten in 70 Jahren eine durchschnittliche Rendite von 4,6%, Aktien kamen hingegen auf 7,9%, trotz Depression in den dreissiger Jahren, trotz langen Flauten und mehreren Crashs.

Investition 1926

Gewinn mit Obligationen: das 22fache der Einlage

Gewinn mit Aktien: das 200fache der Einlage

*Quelle: Banque Pictet & Cie.

Freilich gibt es immer wieder Perioden von mehreren Jahren (Pfeile), wo Aktien sinken oder seitwärts schleichen. Wie schützt man sich da vor Verlusten?

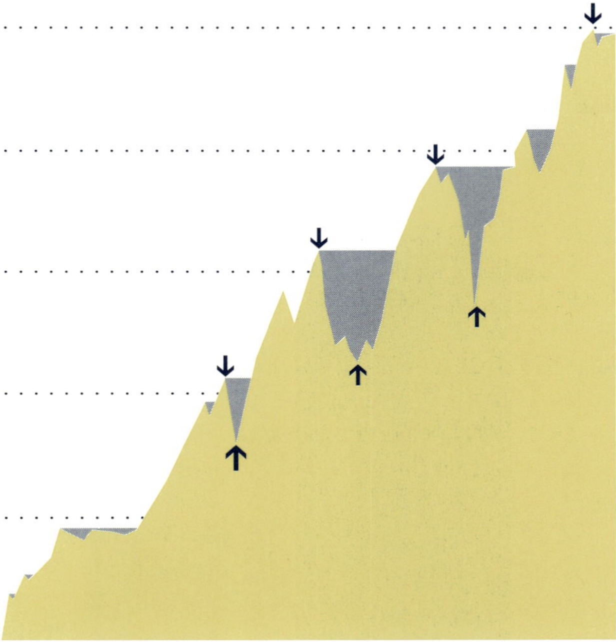

Entweder: An den Höchstpunkten verkaufen, an den Tiefstpunkten kaufen. Das aber ist schwierig und gelingt selbst den besten Profis nicht.

Oder: Aktien mit dem Ziel kaufen, mindestens zehn, besser gar 15 Jahre dabei zu bleiben. Also bewusst die grösseren Schwankungen mitmachen, weil früher oder später noch jedesmal der nächste Anstieg kam. (Übrigens: Auch die Immobilienpreise schwanken so stark wie Aktien. Nur ist die Aufregung da weniger gross, weil der Preis des eigenen Hauses nicht täglich in der Zeitung steht.)

Nur Mut zu Aktien!

Soviel haben Sie mit Aktien verdient...

Freuen Sie sich, wenn es Ihnen gelingt, Aktien immer am tiefsten Punkt zu kaufen, seien Sie aber nicht betrübt, wenn Ihnen das nicht gelingt: Dranbleiben ist alles. Die nebenstehende Darstellung illustriert den jeweils anhand des Schweizer Börsenindex berechneten Kauf von Aktien über zwanzig Jahre bei einer jährlichen Investition von 10'000 Franken. Zwischen 1976 und 1995 verdiente der Glückspilz, der immer zum tiefsten Tarif kaufte, 11,7%. Seine insgesamt 200'000 Franken wuchsen auf einen Börsenwert von 738'000 Franken an. Der Pechvogel, der immer zum höchsten Kurs einstieg, verdiente aber immerhin auch noch 10,3%. Aus seinen 200'000 Franken wurden respektable 624'000 Franken.

Konsequenz 1:

Auch wer jedes Jahr objektiv betrachtet «falsch» einkaufte und «nur» 10,3% Rendite erwirtschaftete, lag damit noch viel besser als mit jeder Zinsanlage.

Konsequenz 2:

Eine konsequent langfristige Kaufstrategie ist bei Aktien wichtiger für das Vermögen als das Abpassen des voraussichtlich besten Kaufzeitpunkts.

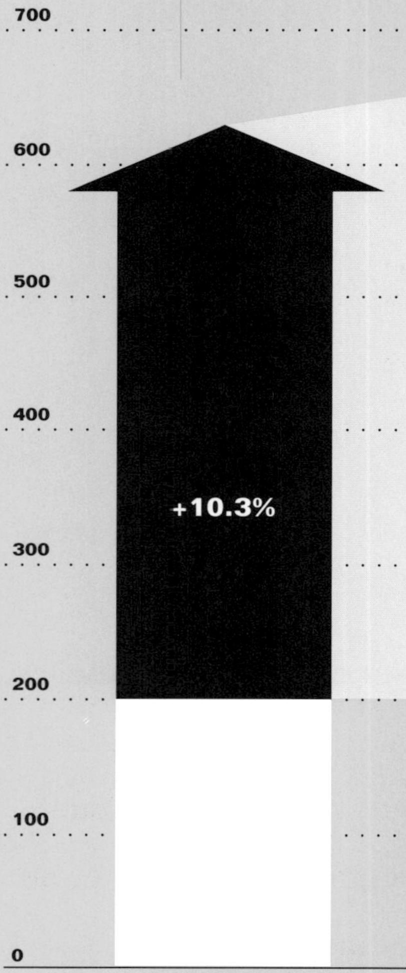

...als Pechvogel

(immer zum Höchstkurs gekauft)

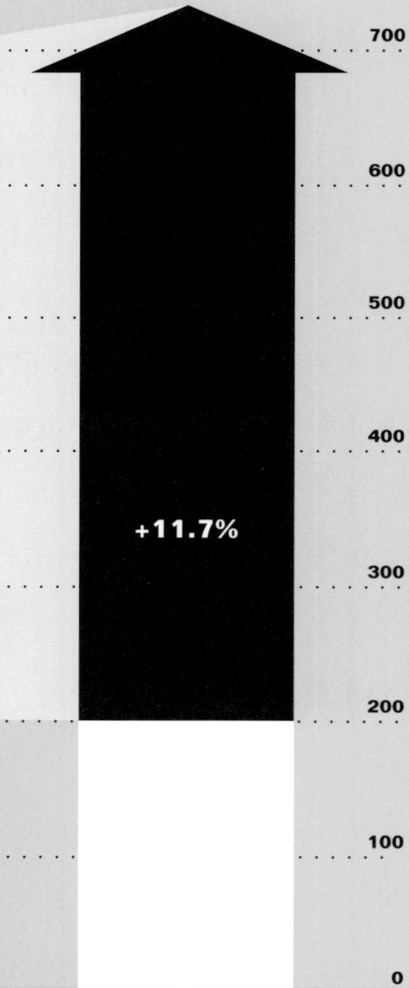

...als Glückspilz

(immer den Tiefstkurs erwischt)

Grundsatz 5:

Ihr Joker in jeder Wirtschaftslage – Sachwerte.

Krise

Goldanlagen und (schuldenfreie) Immobilien waren die besten Investments in der grossen Depressionskrise der dreissiger Jahre. Während die amerikanische Börse 90% verlor, stiegen die Kurse von Goldminenaktien um bis 300%.

Inflation

Die Sachwerte Gold und Immobilien sind der klassische Schutz gegen Wertverlust durch Inflation. Als von 1970 bis 1980 der Konsumentenpreisindex jährlich durchschnittlich hohe 5% zulegte, stieg der Goldpreis in Franken jährlich um 25%.

Wirtschaftshoch

Aktien haben zwei grosse zyklische Aufschwungphasen, die erste, meist steilere, im Zinsrückgang. Sie beendet die Rezession. Die zweite Aufschwungphase folgt nach, wenn die Wirtschaft wieder mit steigenden Gewinnen arbeitet.

Grundsatz 6:
Sparen Sie Steuern mit Sachwerten.

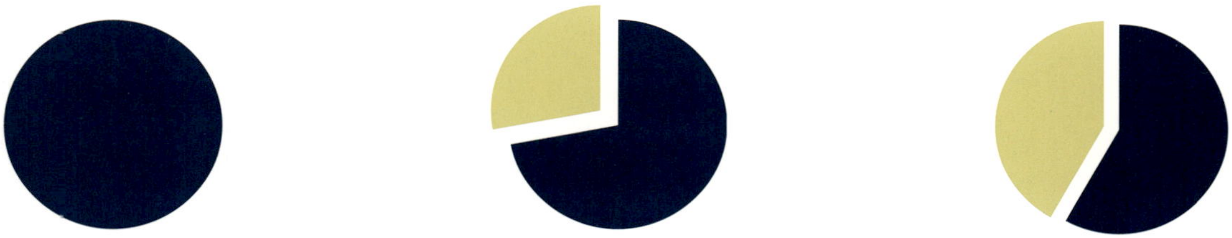

Sparbuch
100% steuerbar

Geldmarktfonds
72% steuerbar

Obligationenfonds
58% steuerbar

Müssen Sie die Rendite Ihrer Anlagen ganz oder grösstenteils versteuern, haben Sie den Kampf um die Erhaltung Ihrer Kaufkraft meist schon verloren.
Daher: Halten Sie wenn immer möglich die Steuern tief, vor allem die Einkommenssteuer auf dem Anlageertrag. Zinsen, Dividenden und andere Ausschüttungen müssen Sie als Einkommen versteuern, das zuoberst, zu Ihrem höchsten Steuer-Progressionssatz, auf Ihr Erwerbseinkommen draufkommt.

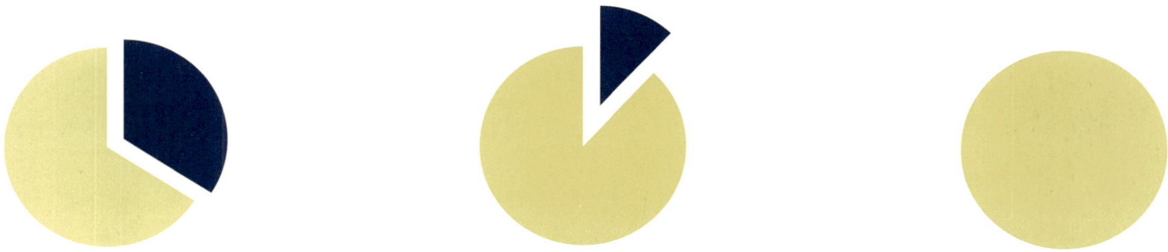

Immobilienfonds
34% steuerbar

Aktienfonds
12% steuerbar

Gold
100% steuerfrei

Kursgewinn hingegen ist steuerfrei (in der Schweiz überall, ausser im Kanton Graubünden, in Deutschland nach einer Mindestanlagedauer von sechs Monaten). Die Illustration* zeigt, wo Sie wieviel steuerbaren Ertrag erzielen und entsprechend viel Steuern abladen müssen: 100% mit Sparbuch und Festgeld. 0% mit Goldbarren. Sehr wenig mit Aktien.

*Steuerbarer Ertragsanteil an der Gesamtrendite, anhand ausgewählter Schweizer Anlagefonds 1992, ohne Gewähr für Allgemeingültigkeit.

Grundsatz 7: Behalten Sie die Verschuldung im Auge – die Langzeitbombe, die unter Ihren Anlagen tickt.

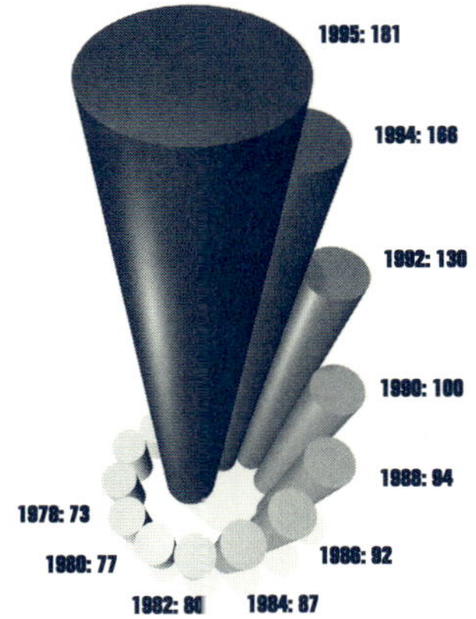

Schulden von Bund, Kantonen und Gemeinden in Milliarden Franken.

Die Verschuldung der Staaten stieg bis zu den 90er Jahren immer steiler, wie in der Illustration links die schweizerische Staatsschuld.

Besonders virulent wird die Verschuldung jeweils, wenn die Zinsen steigen und Rezessionen die Staatseinnahmen senken. Weil ein absoluter Abbau der Staatsschulden die Ausnahme ist, steigt das Schuldenplateau immer höher. Der Ausweg mit dem geringsten politischen Widerstand war historisch noch immer die Inflation. Mit Inflation und Währungsabwertung werden die Schulden «leichter» gemacht oder ganz getilgt. In der Inflation steigen die Einnahmen des Staates. Die Kreditschuld wird gemessen daran zum immer kleineren Steueropfer.

Die Medizin zum Schutz Ihrer Finanzen: In Sachwerte investieren. Im Extremfall dazu sogar Schulden machen.

Versichern Sie Ihre Geldwerte, zum Beispiel auch Ihr Pensionskassen-Guthaben – mit Sachwerten.

Geldwerte sind nur so gut wie die Versprechen der Schuldner dahinter. Zahlt der Schuldner nicht, haben Sie ein Problem, nicht er.

Der Staat könne nie bankrott gehen. Also sind nur Staatsanleihen sicher. Sagt man. Falsch. Der Staat macht einfach das Geld wertlos, durch (Herbeiführen oder Zulassen von) Inflation, und schon hat er seine Schuld getilgt. Inflation ist deshalb der grösste Feind der Geldwerte. Die Beschützerrolle haben die Sachwerte: Aktien, Immobilien, Edelmetalle und Rohstoffe.

Mit dem konsequenten Aufbau Ihrer Sachwerte schaffen Sie das Gegengewicht zu den einseitigen Geldwerten in Ihrer Pensionskasse und andern staatlich geförderten Vorsorgeformen.

Fazit.

Von den Profis lernen wir also:

❶ Auf die Sozialnetze ist langfristig kein Verlass. Selbstvorsorge ist besser. ❷ Hoher Ertrag heisst hohes Risiko. Immer. ❸ Mit Geldwerten sind Sie Kreditgeber und erhalten Zins. Mit Sachwerten sind Sie Teilhaber (am Wachstum). ❹ Auf lange Frist bringen Aktien das beste Anlageresultat. Auf kurze Frist

sind nur das Bankkonto und der Geldmarkt sicher vor Verlust.

5 Aktien, Immobilien und Gold sind ein langfristiges Trio, auch für extreme Wirtschaftslagen.

6 Zinsertrag kostet Steuern, die Nettorendite liegt deshalb deutlich tiefer als die Bruttorendite. Kapital- oder Kursgewinn ist hingegen steuerfrei.

7 Sachwerte sind Ihr langfristiger Beschützer vor Inflation und Geldwertzerfall.

2

DIE ACHT BESTEN TRICKS, KNIFFE UND METHODEN

In diesem 2. Teil lesen Sie:

- ☞ wie Sie mehr sparen
- ☞ wie Sie leichter sparen
- ☞ wie Sie Ihre persönliche Sparsystematik wählen
- ☞ wie Sie schneller sparen – das Turbo-Sparen
- ☞ wie Sie preisgünstig «einkaufen»
- ☞ wie schnell Sie Ihr Vermögen verdoppeln
- ☞ wie Sie weniger riskieren
- ☞ wie Sie mit Geduld reich werden

1. Wie sparen sogar Spass machen kann!

Mehr sparen durch weniger ausgeben.

Sie üben Konsumverzicht. Blanc de Blanc statt Champagner. Velo statt Auto. Oder Sie werden gar zum Spar-Freak. Extrem: die Lampe im Kühlschrank ausschrauben. Lesen Sie auf der Seite gegenüber 16 Sparideen - ernstgemeinte und weniger ernstgemeinte...

Mehr sparen durch mehr einnehmen.

Sie fordern vom Chef eine Lohnerhöhung. Sie wechseln die Stelle. Sie nehmen einen Abend-Job an.

Beides zusammen – und plötzlich sparen Sie 30% Ihres Einkommens.

Ist ja klar: Gelingt es Ihnen, Ihre Ausgaben zu senken und die Einnahmen zu steigern, so bringt dies mehr Sparpotential. Von einem Monatseinkommen von zuvor 5'000 Franken können Sie mit dieser Methode zum Beispiel 1'500 Franken zusätzlich sparen. In 20 Jahren, mit 10% Ertrag in Aktien investiert, ergibt das rund 1,2 Millionen Franken!

Regelmässig das **Haus ausmisten** und Verkäufliches auf den Flohmarkt bringen.

Einen **Taxzähler** am Telefon installieren.

Alle paar Jahre die Steuererklärung von einem **Steuerberater** machen lassen, damit Sie das Maximum an tolerierten Abzügen herausholen.

Geschenke machen mit mehr **Phantasie** und weniger Geld.

Wohnen Sie so lange wie möglich in einer **Wohngemeinschaft:** Bei der Miete lässt sich – gleich nach dem Auto – am wirksamsten sparen.

Steuern in einem Rutsch schon beim ersten Termin zahlen, sofern der **Rabatt** höher ist als der Zins auf dem Bankkonto.

Die **Kreditkarte** zu Hause lassen, eventuell gar im Tiefkühlfach in Wasser einfrieren.

Sparer in der Schweiz sollen das Maximum in die **Vorsorgesäule 3a** einzahlen, wegen des Steuergeschenks des Staates.

Auto mit **kleinerem Motor** wählen: tiefere Steuern und Versicherung, weniger Benzin.

Das Versicherungsportefeuille von einem neutralen Profi überprüfen lassen und ausmisten. So **gesparte Prämien** in eine Kapitalversicherung einzahlen.

Selbstbehalte erhöhen, wo es dafür eine Prämienreduktion gibt (Auto, Krankenversicherung, Diebstahl).

Secondhand und Occasionen kaufen: Kleider, CDs, Möbel usw.

Weniger kochen und bügeln: Die grössten Stromfresser sind Bügeleisen, Kochherd, Tumbler und Boiler.

Strom sparen auch im kleinen: weniger Licht, 75- statt 100-Watt-Birnen. Extreme Rappenspalter schrauben im Kühlschrank die Glühbirne aus.

Mehr Einkommen verdienen: Karriere und Einkommensziel/Lohnerhöhung offen mit dem Chef diskutieren. Einen Nebenerwerb suchen. 10% mehr Jahreseinkommen und 10% weniger Ausgaben machen schon viele tausend Franken aus.

Wenn schon **Schulden** machen, dann so knapp wie möglich und schnell zurückzahlen.

2. Was Hänschen nicht spart...

Reichlich gespart zu haben bringt Millionen. Reichlich und **früh** gespart zu haben bringt noch mehr Millionen.

Vergleichen wir die zwei Sparer Anna und Anton. Anna ist Frühsparerin und spart ab dem 25. Altersjahr während 10 Jahren jährlich 6'000 Franken. Anton nimmt's gemütlich und spart erst ab 35, dafür gleich 21 Jahre lang, ebenfalls 6'000 Franken pro Jahr. Beide erhalten den gleichen Jahreszins von 5%. Anna könnte es sich nach zehn Jahren leisten, nicht mehr zu sparen. Denn Anton wird sie erst nach mehr als 20 Jahren ein- und überholen und dazu auch mehr als doppelt so viel Geld, nämlich 126'000 Franken, einzahlen müssen.

Würde Anna jedoch weitersparen, käme sie im Alter 55 auf einen Betrag von 446'000 Franken, fast doppelt so viel wie Anton mit 225'000 Franken. Insgesamt hätte Anna dafür dann nur rund die Hälfte mehr (186'000 Franken) eingezahlt als Anton (126'000 Franken). Was Hänschen nicht spart, spart Hans nimmermehr.

Früh sparen schafft einen fast uneinholbaren Vorsprung!

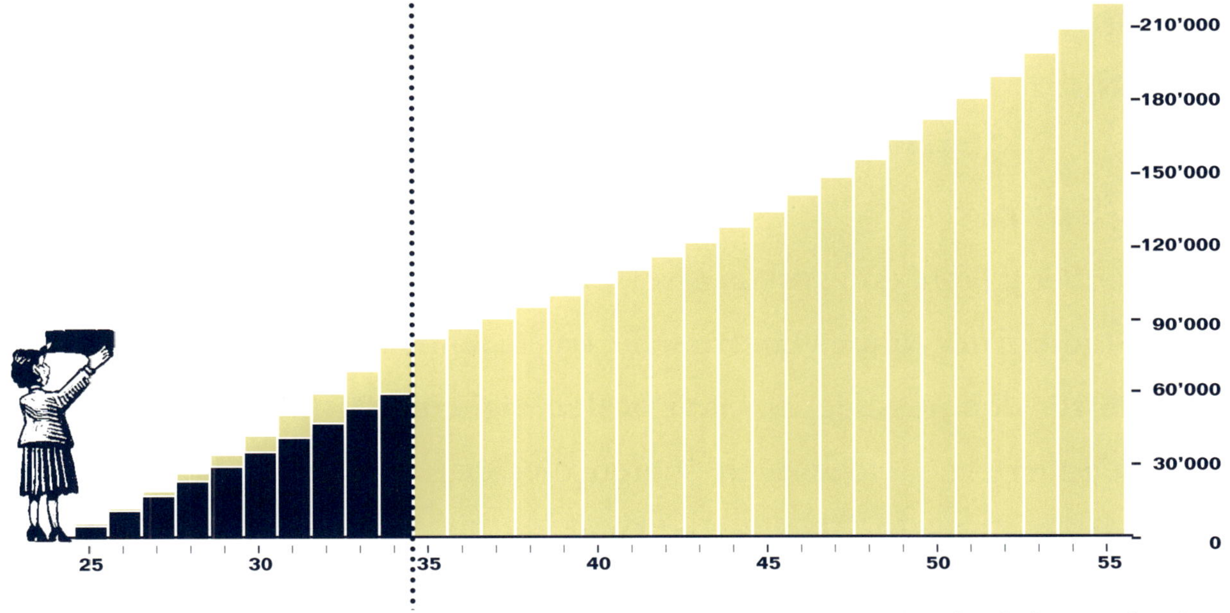

Anna kommt mit ihren zwischen 25 und 34 angesparten 60 000 Franken gleich weit wie Anton mit seinen ab 35 während 21 Jahren ersparten 126'000 Franken. Der frühe Zins und Zinseszins (hier 5 Prozent) gibt einen Vorsprung, der nur langsam aufgeholt wird.

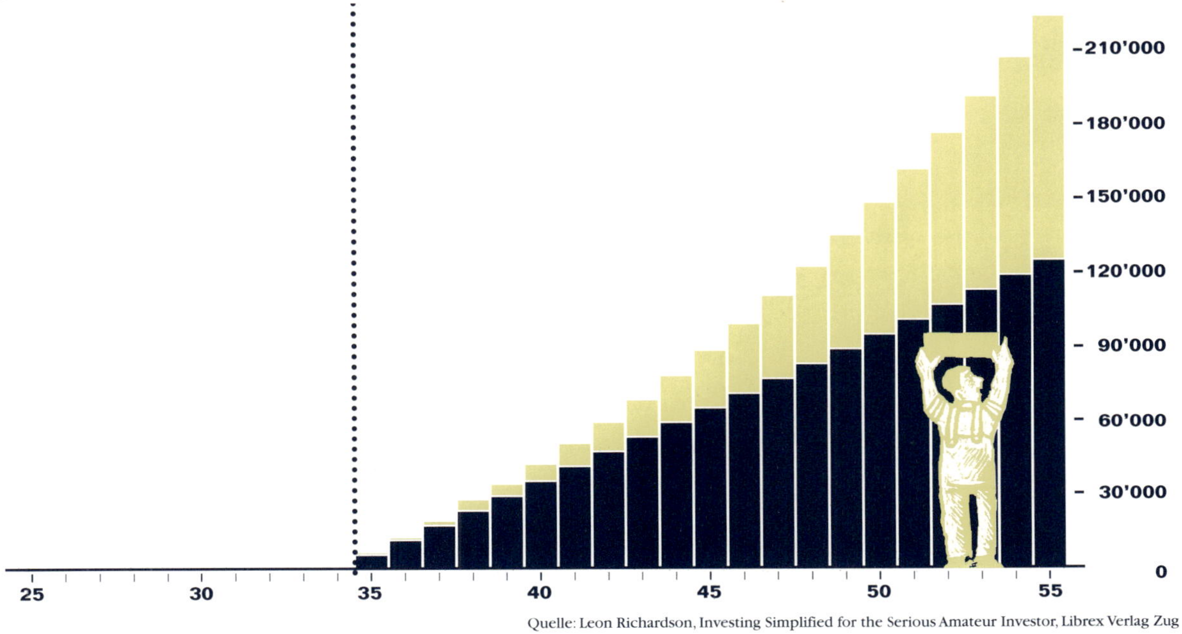

Quelle: Leon Richardson, Investing Simplified for the Serious Amateur Investor, Librex Verlag Zug

3. Welcher Spar-Typ sind Sie? Finden Sie hier die Sparmethode, die am besten auf Sie zugeschnitten ist.

Der Ziel-Sparer

In x Jahren über y Franken Vermögen verfügen. Das Ziel können Ferien auf Bora-Bora sein. Studium der Kinder. Ein Porsche. Das Eigenheim mit Blick auf die Stadt. Eine Million für den Ausstieg usw. Am besten eignen sich «Kässeli» für die verschiedenen Sparziele. Gelegentlich sollten die Sparziele nach oben angepasst werden. Faustregel: Verteuerung um das Doppelte alle 20 Jahre. Was heute 10'000 Franken kostet, kostet dann also 20'000 Franken.

Der Fix-Sparer

Monatlich zweigt er einen gleichbleibenden Betrag für Sparzwecke ab, vielleicht mit Dauerauftrag bei Post oder Bank. Ein bestimmtes Sparziel ist sehr oft (noch) nicht definiert.

Um später keine Enttäuschung wegen des (kleinen) Sparergebnisses zu erleben, sollte der Fix-Sparer periodisch seinen Sparbetrag steigern, entsprechend der Inflationsrate oder entsprechend der eigenen prozentualen Lohnerhöhung. Tut er dies nicht, wird sein relatives Sparopfer mit der Zeit immer kleiner.

Der Saldo-Sparer

Er spart immer das, was ihm nach Bezahlung seiner Rechnungen noch übrig bleibt. Sparen ist nicht der wichtigste, sondern der unwichtigste Budgetposten. Das Risiko ist natürlich, dass jeweils kein Saldo vorhanden ist. Dafür immer genügend guter Wein und frischer Lachs auf dem Tisch. Beim Typ Saldo-Sparer wird gegen Ende Monat am ehesten die Kasse knapp, oder er wird Kleinkredit-Kunde. Er lebt eben gern. (Vermutlich ist es auch gerade er, der ein Buch wie dieses nicht liest.)

Der Proporz-Sparer

Ein fester Prozentsatz des Einkommens geht in jedem Fall auf die hohe Kante. Das ist ein fester Budgetposten wie die Stromrechnung, die Miete und die Steuern. Der Proporz-Sparer hat später nicht das Inflationsproblem, dass die gesparte Summe zu klein ist. Dank dem festen Prozentsatz, zum Beispiel 10, 15 oder gar 20% des Einkommens, passt sich das Sparen dem Einkommenszuwachs und damit im grossen und ganzen auch der Teuerung an.

4. Das Turbo-Sparen.

Sie beschleunigen Ihr Spar-Tempo selbst.
Am besten nehmen Sie die Rendite Ihrer Anlagen gleich selbst an die Hand. Sie entscheiden zum Beispiel, dass Ihr Geld jährlich um 10% zu wachsen habe.
Leicht gesagt. Und wenn es nur 3% oder 7% Ertrag gibt? Dann zahlen Sie jährlich, pro Quartal oder monat-

lich die Differenz hinzu. Aus der Gratifikation. Aus dem Bonus. Aus der Lohnerhöhung.
Praktisch errechnen Sie sich einen Etappenplan, wie hoch Ihr Vermögen zum jeweiligen Zeitpunkt stehen muss – und zahlen eine eventuelle Differenz hinzu.
Das ist der allersicherste Weg zum gewünschten Vermögen. Und je nach gewählter Turbo-Rendite ein sehr schneller.

Mit Turbo in zwölf Jahren von 0 auf 300'000.

So wird's gemacht: Im ersten Jahr 5000 sparen, im zweiten Jahr 20 Prozent mehr, und so weiter. Das ist die erste Turbo-Stufe.
Investieren weltweit in Aktien(fonds), da sind auch 9 Prozent Rendite machbar. Bleibt das Ergebnis hinter dem Soll-Resultat zurück, die Differenz aufzahlen – zweite Turbo-Stufe.
Wer in gleichbleibenden Sparbeträgen denkt, kommt langsamer zum Ziel. Immer etwas mehr sparen, ist der Ausweg. Das Einkommen steigt ja auch. Warum vom steigenden Einkommen also nicht regelmässig einen entsprechend grösseren Teil auf die hohe Kante legen?

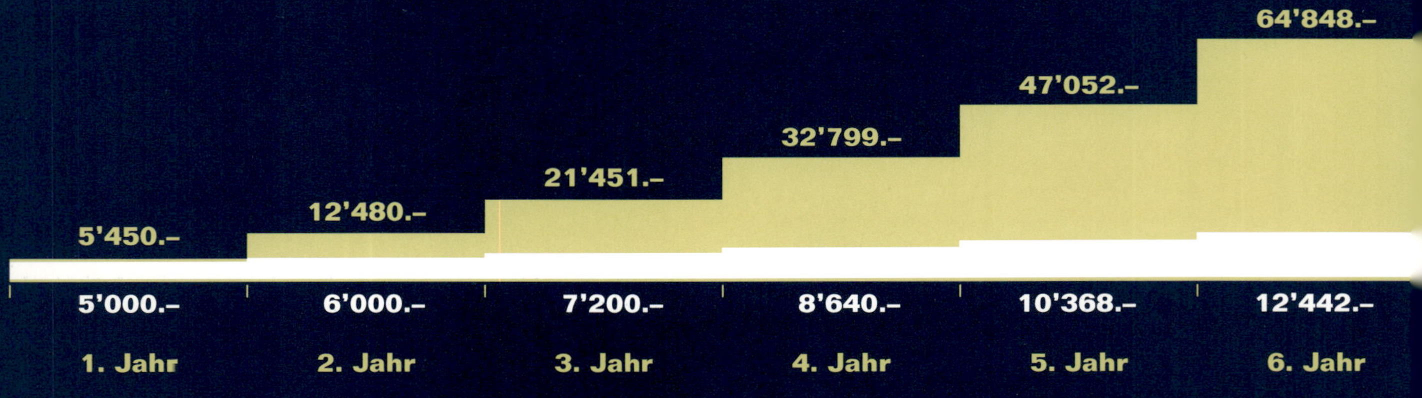

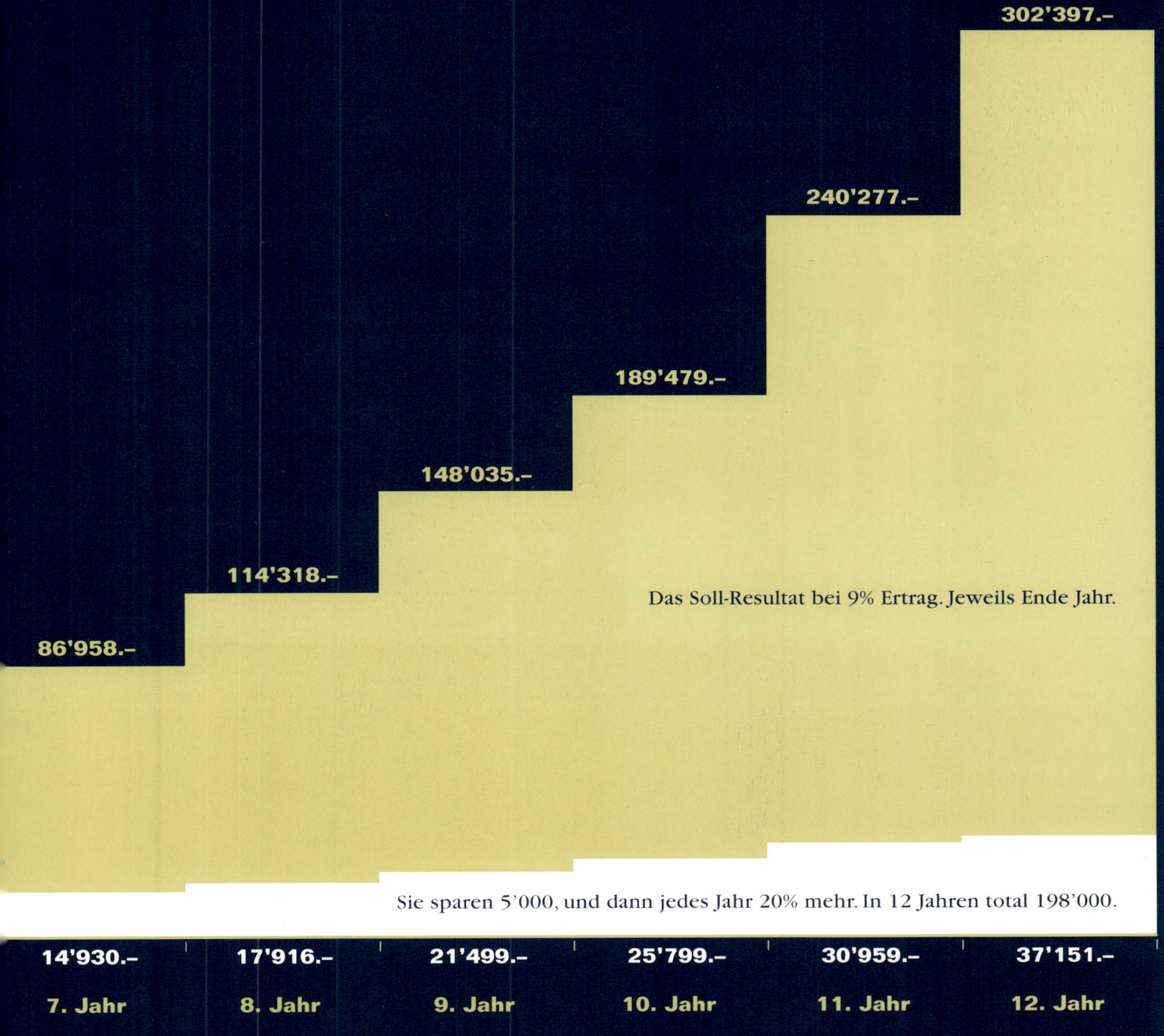
302'397.–
240'277.–
189'479.–
148'035.–
114'318.–
86'958.–
Das Soll-Resultat bei 9% Ertrag. Jeweils Ende Jahr.
Sie sparen 5'000, und dann jedes Jahr 20% mehr. In 12 Jahren total 198'000.
14'930.–
17'916.–
21'499.–
25'799.–
30'959.–
37'151.–
7. Jahr
8. Jahr
9. Jahr
10. Jahr
11. Jahr
12. Jahr

Gute Nachricht für Einsteiger! Selbst mit systematischem Nichtstun gibt es 8% Rendite und mehr – dank Aktien.

Zu diesem Schluss führt die Berechnung anhand von Schweizer Börse und Franken-Obligationen für die 25 Jahre von Ende 1970 bis Ende 1995. Und stets heisst das Anlageprinzip: Einfach kaufen und liegen lassen.
Mit Nichtstun ist in der Variante des **Arrivierten** – er kann gleich zu Beginn einmalig einen festen Betrag investieren – gemeint: 100 Franken wurden 1970 zur Hälfte je in Schweizer Aktien und in Franken-Obligationen angelegt. Sie wuchsen von 1970 bis 1995 auf 584 Franken. Ergibt eine durchschnittliche Jahresrendite von 7,3%. Hat der Arrivierte die 100 Franken ganz in Schweizer Aktien investiert, sind diese in 25 Jahren gar auf 748 Franken gewachsen. Durchschnittliche Jahresrendite **8,4%.**

Auf noch höhere Rendite als die Arrivierten kommen die Einsteiger!
Angenommen, ein **Einsteiger** – er hat die Anlagesumme nicht schon zu Beginn flüssig, sondern spart sie sich in Jahresraten zusammen – sparte seit 1970 jährlich 4 Franken, was in 25 Jahren auch 100 Franken ergibt. Diese 4 Franken wurden wie für den Arrivierten jeweils am Jahresende zur Hälfte in Schweizer Aktien und zur Hälfte in Franken-Obligationen investiert. Resultat Ende 1995: Seine insgesamt eingezahlten 100 Franken sind auf einen Wert von 324 Franken gestiegen. Ergibt eine durchschnittliche Jahresrendite von **8,2%.**

Wurden für die regelmässig einbezahlten 4 Franken nur Schweizer Aktien gekauft, betrug der Wert 1995 444 Franken oder 120 Franken mehr. Durchschnittsrendite **10,2%.**

Dass Einsteiger die Arrivierten punkto Rendite schlagen, hat mit dem günstigen Einkauf zu tun (siehe Durchschnittspreis-Methode auf der nächsten Seite).

Das simple Erfolgsrezept zu einer hohen Langfrist-Rendite heisst somit: Regelmässig sparen, systematisch nichts tun (kaufen und liegen lassen) und möglichst viele Aktien.
(Wie Sie kleine Einzahlungen von wenigen 100 Franken pro Monat in Aktien und Obligationen sparen können, lesen Sie ab Seite 56.)

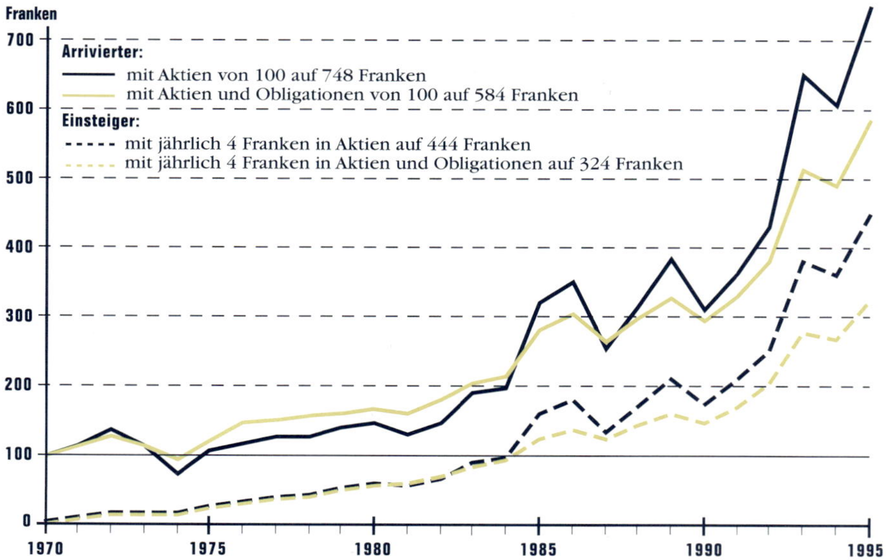

5. Den Lotto-Sechser in Ehren: Sparerfolg beginnt mit dem günstigen Einkauf.

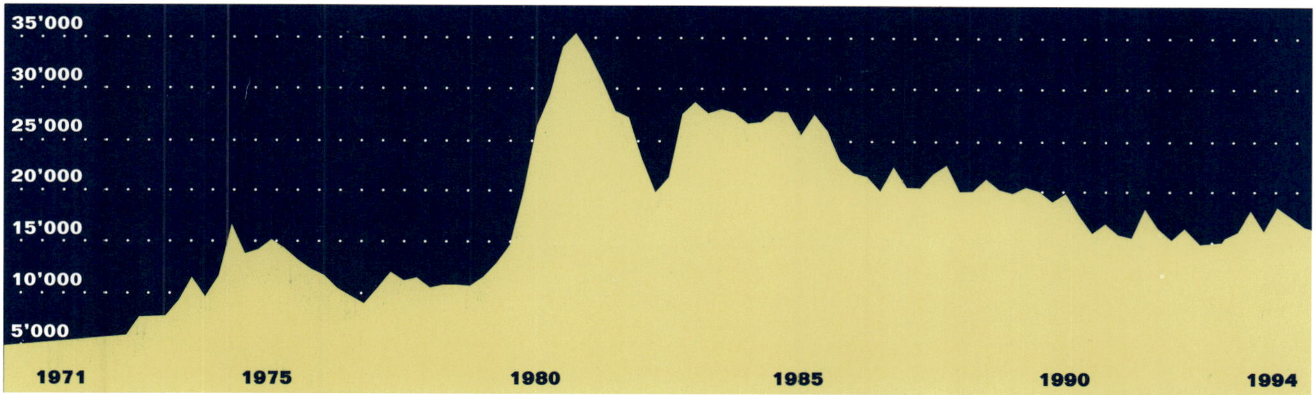

Goldpreis SFr./kg

Betrachten Sie die Illustration. Wann hätten oder haben Sie Ihr letztes Gold gekauft? Zum Tiefstkurs gekauft? Zum letzten Höchstkurs wieder verkauft? Mit Verlaub, das glaubt Ihnen niemand. Oder es war einfach einmaliges Glück - wie der Lotto-Sechser auch. Dank der Durchschnittspreis-Methode - wie auf den folgenden Seiten erklärt - müssen Sie solches Glück nicht bemühen.

Einfach und schön automatisch: regelmässig für den gleichen Geldbetrag kaufen. Dann kaufen Sie viel, wenn's billig ist, wenig, wenn's teuer ist, und haben schliesslich einen tiefen durchschnittlichen Einstandspreis.

A

Die Durchschnittsmengen-Methode

Immer die gleiche Menge kaufen: investierter Geldbetrag = erworbene Anlagen

B

Die Durchschnittspreis-Methode

Immer für den gleichen Geldbetrag kaufen: investierter Geldbetrag = erworbene Anlagen

Investiert: 5000.– **Erworben: 5 Einheiten**

Investiert: 5000.– **Erworben: 6½ Einheiten**

Automatisch viel kaufen, wenn's billig ist. Wenig kaufen, wenn's teuer ist.

Das ist kein frommer Wunschtraum, sondern ein simpler Trick, um schneller und billiger vorwärts zu kommen. Er ist vor allem sehr nützlich für den Aufbau von Sachwertanlagen, wo sich angesichts der schwankenden (volatilen) Kurse ja stets die bohrende Frage nach dem preisgünstigen Zeitpunkt stellt. Der Trick löst dieses Problem elegant und ist einfach und ohne höhere Mathematik machbar. Einfach regelmässig für denselben Geldbetrag kaufen und hinzukaufen. Wie **Investor B.** Er kauft fünfmal für je 1 Banknote à 1000 und kommt schliesslich auf 6½ Einheiten Gold. **Investor A** hingegen kauft fünfmal je 1 Einheit Gold zur selben Zeit wie B und zum selben Preis wie B.

Weil B kauft, wenn Gold billig ist, hat er schliesslich 6½ statt nur 5 Einheiten Gold. Oder für den gleichen Aufwand 30% mehr eingekauft. So einfach geht es mit der Durchschnittspreis-Methode.

Testen Sie die Durchschnittspreis-Methode selbst!

Beispiel: Wie Sie auf dem Gemüsemarkt Ihr Saisongemüse preisgünstig einkaufen. Oder: mehr Gemüse fürs gleiche Geld.

Investition: Fr. 20 p.a.		Immer die selbe Menge einkaufen	Immer für den selben Geldbetrag einkaufen
	Preis	Durchschnittsmengen-Methode	Durchschnittspreis-Methode
Sommer	SFr. 1.–	1kg = Fr.	Fr. 5.- = kg
Herbst	SFr. 4.–	1kg = Fr.	Fr. 5.- = kg
Winter	SFr. 10.–	1kg = Fr.	Fr. 5.- = kg
Frühling	SFr. 5.–	1kg = Fr.	Fr. 5.- = kg
Total		4kg = Fr.	Fr. 20.-= kg
Für Fr. 20.– erhalte ich		kg	kg
Differenz in %:			+ %

Auflösung: 4 kg gegen 7 3/4 kg = 93.75% mehr Gemüse.

Für Skeptiker: die Nagelprobe

Die Probe aufs Exempel. Wieviel Prozent günstiger Sie seit 1970 mit der Durchschnittspreis-Methode im Vergleich zur Durchschnittsmengen-Methode eingekauft hätten:

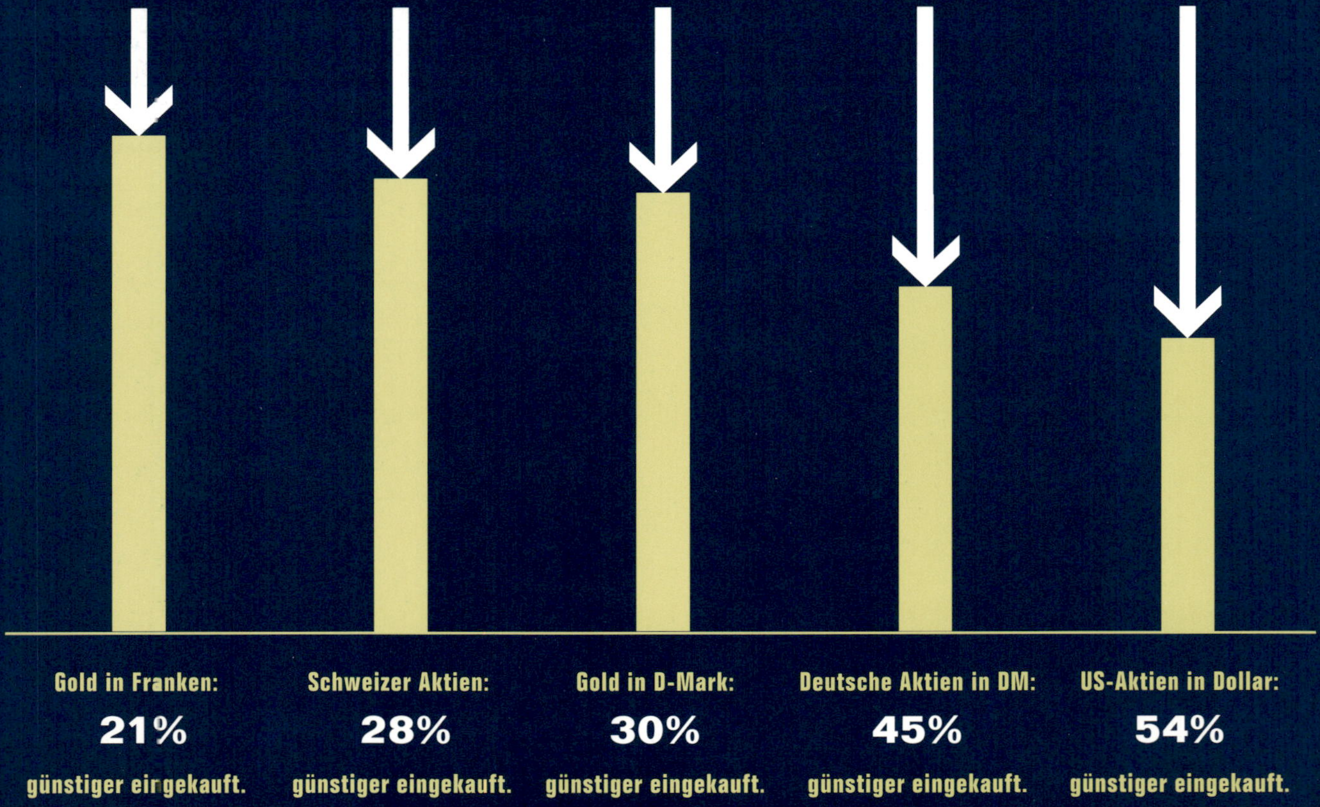

Reduktion des durchschnittlichen Einkaufspreises bei monatlichem Kauf nach der Durchschnittspreis-Methode im Vergleich mit der Mengen-Methode. Vergangenheitswerte 1970-95. Marktindizes bei Reinvestition der Dividenden.

6. Die 72er-Regel: So schnell verdoppeln Sie Ihr Vermögen

Wie verdopple ich schnell mal meinen Geldeinsatz? Zum Beispiel in 6 statt 10 Jahren? Wieviel mehr Rendite ist dazu nötig? Machen Sie sich den Trick mit der Zahl 72 zunutze, immer wenn es um eine Verdoppelung geht. Mit diesem Rechentrick verblüffen Sie Profis und Schnellrechner.

Um den Geldeinsatz in 6 Jahren zu verdoppeln, müssten Sie einen Zins und Zinseszins von 12% erreichen (rechne 72 : 6 = 12). Nehmen Sie sich 10 Jahre Zeit, braucht es «nur» 7,2% jährlichen Ertrag (rechne 72 : 10 = 7,2).

72	÷	4 JAHRE	=	18,0%
	÷	6 JAHRE	=	12,0%
	÷	8 JAHRE	=	9,0%
	÷	10 JAHRE	=	7,2%
	÷	12 JAHRE	=	6,0%
	÷	30 JAHRE	=	2,4%

7. Die Risiken senken und zugleich die Chancen erhöhen. Wie und wo ist ein solches Paradies möglich?

Das Zauberwort dazu heisst **Diversifikation.**

Ein Investor, der nur in Schweizer Aktien investiert (Grafik rechts unten), hat ein hohes Risiko und gleichzeitig eine tiefe Rendite. Vermischt er seine Schweizer Aktien mit internationalen Werten, wandert er in der Grafik nach links oben, das heisst, sein Risiko sinkt, und gleichzeitig steigt seine Rendite. Im Grafikbeispiel ist sein Risiko bei einem 50:50-Mix am kleinsten. Durch eine weitere Verstärkung seines internationalen Anteils kann er zwar seine Rendite weiter erhöhen, aber jetzt beginnt auch sein Risiko wieder zu steigen: Die höchste Rendite (bei höchstem Risiko) ist im Grafikbeispiel mit 100% Auslandaktien zu erzielen.

Risikoverkleinerung durch Beimischung von Auslandaktien

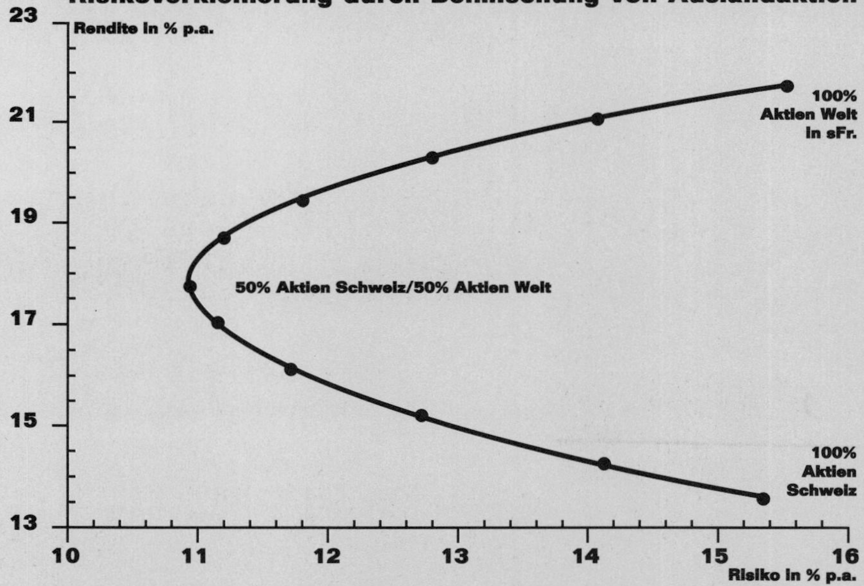

Rendite und Risiko (Standardabweichung) der Aktien-Indices Schweiz und Welt, 1980-1989. Quelle: IST Investmentstiftung für Personalvorsorge.

Die Diversifikation in ein Aktiendepot «Welt» senkt also eindeutig das Risiko und erhöht die Ertragschance. Die Diversifikationsregeln heissen deshalb vor allem für Aktienanlagen:

Besser einen Branchen-fonds als eine Einzelaktie.

Besser einen Länderfonds als einen Branchenfonds.

Besser einen Kontinentalfonds als einen Länderfonds.

Besser einen Weltfonds als einen Kontinentalfonds.

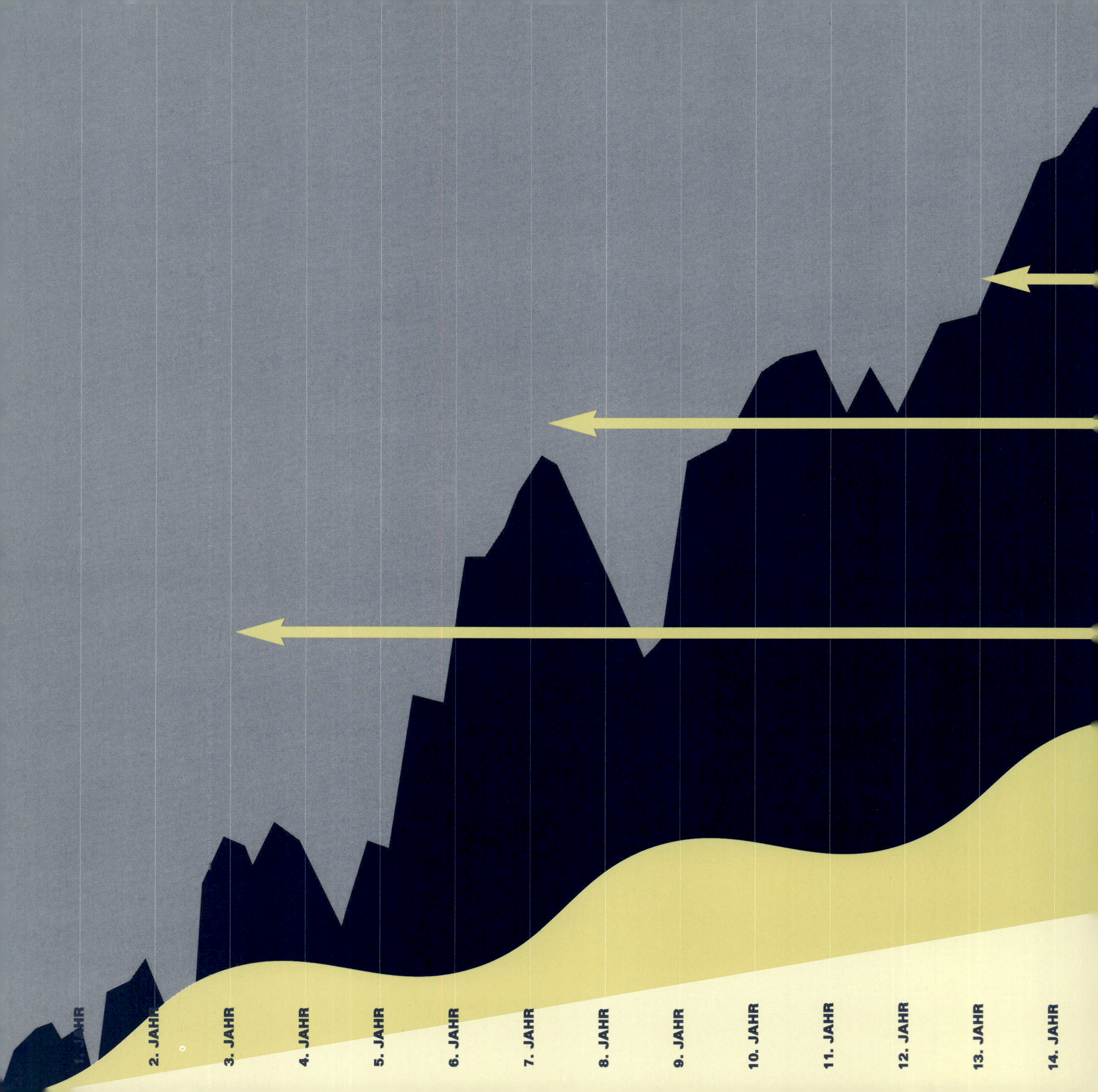
1. JAHR
2. JAHR
3. JAHR
4. JAHR
5. JAHR
6. JAHR
7. JAHR
8. JAHR
9. JAHR
10. JAHR
11. JAHR
12. JAHR
13. JAHR
14. JAHR

8. Je mehr Zeit Sie haben, desto mehr Sachwerte wählen Sie.

Je länger der Zeithorizont, je länger Sie den entsprechenden Vermögensteil nicht anzubrauchen gedenken – 10 und mehr Jahre –, desto eher investieren Sie in Sachwerten und Aktien.

Haben Sie weniger als zehn Jahre Zeit, richten Sie sich am besten auf mittlere oder tiefere Renditen mit zugleich tieferem Risiko ein.

Geld, das Sie in den nächsten 1-3 Jahren benötigen werden, legen Sie sicher und flüssig im Geldmarkt, auf dem Sparheft oder dem Bankkonto an. Alle Sachwerte wie Aktien sind kurzfristig wegen der jederzeit möglichen Schwankungen eine Spekulation.

Aktien bringen auf lange Frist den höchsten Ertrag. Aber kurzfristig können sie auch empfindliche Rückschläge erleiden. Nur die Zeit, genügend Zeit, hilft über die Rückschläge hinweg und zurück auf den steilen Wachstumspfad. Je länger Sie das Geld sicher nicht benötigen, desto besser Ihre Chancen und Ihre Rendite. Dies gilt bestimmt für junge Menschen, aber auch für Senioren mit den erst später benötigten Vermögensteilen.

Fazit.

Das sind die acht Tricks, Kniffe und Methoden.

1 Mehr sparen: Weniger ausgeben. Oder mehr einnehmen. Oder beides. 2 Früh mit Sparen beginnen – sich den fast uneinholbaren Vorsprung schaffen. 3 Welcher Spartyp sind Sie? (Sollten Sie allenfalls wechseln?) 4 Mit Turbo-Sparen und eigener Spargeschwindigkeit schnell und

sicher ans Ziel kommen. 5 Regelmässig für den gleichen Geldbetrag kaufen bringt einen tieferen Einstandspreis oder mehr Gold ins Körbchen. 6 72er-Regel oder wie Sie das Geld schneller verdoppeln. 7 Mehr Rendite erzielen und trotzdem weniger Risiko auf sich nehmen – dank «Aktien-Diversifikation» ins Ausland. 8 Geduld bringt Geld – Sachwerte für die lange Frist.

DIE MODERNEN SPARPRODUKTE MIT PEP: ANLAGEFONDS

Auf den Seiten 16 und 17 lesen Sie, welches die traditionellen Sparmöglichkeiten sind – vom Bankkonto bis zu Optionen. Im folgenden Kapitel erfahren Sie viel über Anlagefonds, oder einfach nur Fonds. Fonds sind die modernen Spartöpfe, mit welchen Sie die Vorteile gängiger Anlagen beibehalten und deren Nachteile verringern oder ausschalten.

In diesem 3. Teil lesen Sie:

- ☛ **was ein Fonds ist**
- ☛ **wie ein Fonds gemanagt wird**
- ☛ **wo Sie sich über Fonds informieren**
- ☛ **wo Sie sich über Fonds beraten lassen**
- ☛ **wie Sie sich an einem Fonds beteiligen**

Mit Fonds reisen Sie sicher und bequem, wie auf dem grossen Dampfer

Breite Streuung der Anlagen
=
weniger Risiko auch für kleine Einsätze

Grosses Anlagevolumen
=
tiefere Kosten für den Investor als beim Kauf von Einzeltiteln

Professionelle Fonds-Manager
=
mehr Rendite und weniger Risiko

Als Fonds-Investor sind Sie bequem Passagier auf einem grossen Schiff, das majestätisch durch die Wellen pflügt. Ein Profi-Kapitän und seine Crew halten den Kurs.

Als Investor, der selbst seine Aktien und Obligationen auswählt, sind Sie wie der Einzelruderer ein Spielball der grossen (Markt-)Wellen.

professioneller
flexibler
sicherer

Mehr Rendite und trotzdem weniger Risiko. Nichts ist unmöglich – dank Fonds.

Was ist ein Anlagefonds? Ein grosser Geld-Gemeinschaftstopf, in den Sie sich mit Fonds-Anteilscheinen einkaufen. Anlagemanager investieren das Fondskapital je nach Ziel des Fonds in Aktien, in Obligationen, in Geldmarktpapieren. Es gibt auch Portfoliofonds, die zugleich in allen Anlagekategorien investieren – so wie ein Vermögensverwalter für reiche Kunden das gesamte «Anlageklavier» spielt.

Sicherer:
Mit einem Fonds setzen Sie nicht alles auf eine Karte. Ihr Geld ist auf mehrere Anlagen verteilt. Zum Beispiel mehrere Aktien. Das senkt Ihr Anlagerisiko. Stürzt eine Aktie im Fonds ab, so spüren Sie das kaum. Ihr Geld ist somit sicherer geworden.

Attraktiv und bequem:
Schon mit wenigen 100 Franken können Sie via Fonds Ihre Anlagen in viele Aktien und Zinspapiere verteilen. Die Erträge werden oft automatisch reinvestiert (verlangen Sie den jeweiligen Thesaurierungs-fonds). Sie erzielen steuerfreie Kursgewinne.

Flexibler:
Die vielen kleinen Geldvermögen kommen in den grossen Topf des Anlagefonds. Jetzt kann mit der grossen Kelle angerührt, das heisst Wertschriften in grossem Umfang gekauft und verkauft werden.
Zu günstigeren Spesensätzen, wie dies nur Grosskunden zugestanden wird. Mit Ihren Fondsanteilen fahren Sie auf diesem Sozius mit. Und schon morgen können Sie mit einem Telefonanruf wieder abspringen.

Professioneller:
Für vielleicht weniger Geld, als Sie normalerweise an Spesen für Ihre Bankumtriebe zahlen, haben Sie mit Fonds auch gleich noch den professionellen Manager (und sein Team). Professionell heisst bessere Resultate. Nur schon mit einer Handvoll Fonds lassen Sie hinter der Kulisse ein paar Dutzend Profis für sich arbeiten.

Kaufen Sie selbst Aktien an der Börse, treten Sie gegen die Geldprofis und deren Informationssysteme an. Kaufen Sie statt dessen Fondsanteile, lassen Sie diese Geldprofis für sich arbeiten – Sie steigen um auf das stressfreie grosse Schiff.

Wie wählen und kombinieren Sie Fonds und Strategie?

Der Blick auf die Fondstabellen in der Zeitung oder in Fondsprospekte ist zunächst verwirrend. Es gibt Tausende von Fonds. Die Wahl wird zur Qual. Welches ist der richtige Fonds?

In Zeitungsartikeln, Fondspublikationen und Inseraten werden Sie viel über Superresultate und Top-Performer lesen, aber die besten Fonds in jeder der vielen Aktien-, Immobilien-, Edelmetall- und Zinskategorien stammen nie vom gleichen Anbieter. Wer sich nicht intensiv mit Fonds befasst, ist mit der Auswahl schnell einmal überfordert.

Wie kommen Sie somit an die besten, sichersten und rentabelsten Fonds heran? Bis vor kurzer Zeit galt die Faustregel, wonach die Gewinner-Fonds eines Jahres jeweils im folgenden Jahr sehr oft ganz an den Schluss der Resultatlisten zurückfielen. Fällt die Wahl auf den Fonds mit der höchsten Rendite, kann die Enttäuschung gross sein.

Eine neuere Untersuchung über die letzten 22 Jahre hat aber auch ein anderes Resultat hervorgebracht. Wer immer Anfang Januar auf den absoluten Jahressieger des gerade abgelaufenen Jahres umstieg, erzielte eine durchschnittliche (Dollar-) Performance von 15% pro Jahr. Allerdings mit sehr starken Schwankungen von Jahr zu Jahr.

Angesichts so viel kontroverser Information wird die Notwendigkeit von guten Auswahlmethoden und guten Strategien nur um so wichtiger.

Erledigen Sie also zuerst Ihre persönliche Sparplanung

- am besten anhand Ihrer Zeithorizonte und Ziele über und unter 10 Jahren (Seite 53)
- ausgeführt am besten mit Risikostreuung anhand der Diversifikationsregeln (Seite 51)

Hier erfahren Sie mehr über Fonds

Broschüren: Zu Fonds gibt es eine Vielzahl von Publikationen, die gratis von Banken und Fondsgesellschaften abgegeben werden und wo das Prinzip von Fonds samt technischer Funktionsweise meist gut verständlich beschrieben ist. Was Sie dabei erwarten können, ist eine objektive Gegenüberstellung mit der Konkurrenz. Broschüren haben schliesslich den Zweck, Ihnen Anteilscheine zu verkaufen.

Bücher: Im Anhang finden Sie Bücher, die auf das Thema Anlagefonds mehr oder weniger intensiv eingehen. Die Buchliteratur zu den Anlagefonds ist erstaunlicherweise relativ dünn.

Fondsführer: Verschiedene Analyseinstitute und Wirtschaftszeitungen publizieren regelmässig Übersichten zu Fonds. Darin finden Sie pro Fonds einen Kurzbeschrieb und eine mehr oder weniger umfangreiche Datenreihe über die erreichten Resultate.

Fondslisten: Das sind aktuelle Aufstellungen von neusten Preisen und Renditen. Sie finden diese in vielen Wirtschaftszeitungen und -zeitschriften.

Beispiele von solchen Informationsquellen finden Sie im Anhang.

Beispiele für Langfrist-Strategien mit Aktien- und Sachwertfonds

Für Vermögensteile, die 10 Jahre und länger nicht benötigt werden. Grundprinzip: ziemlich passives Investieren, Kaufen und Liegenlassen.

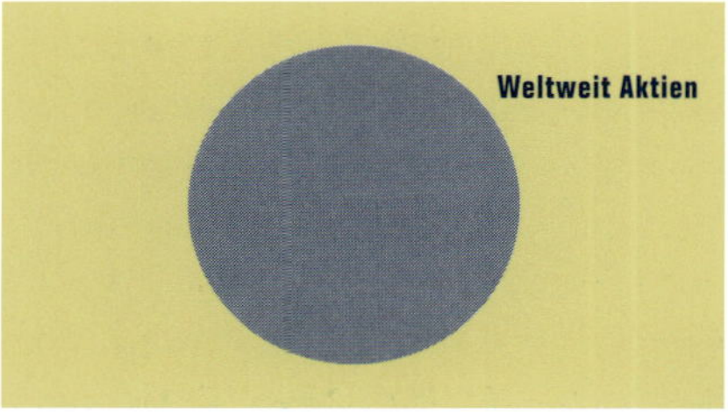

1 Welt-Aktienfonds:
Der/die Fondsmanager investieren global in allen Aktienmärkten.

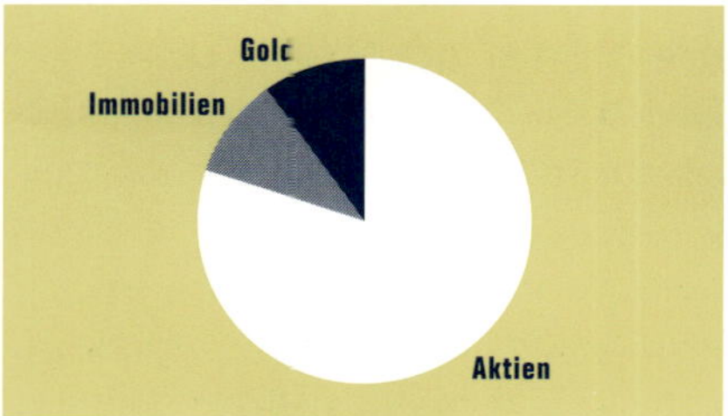

3 Sachwertfonds:
Aktien, Gold, Immobilien - prozentuale Aufteilung z.B. 80%-10%-10%. Oder auch: 34%-33%-33%.

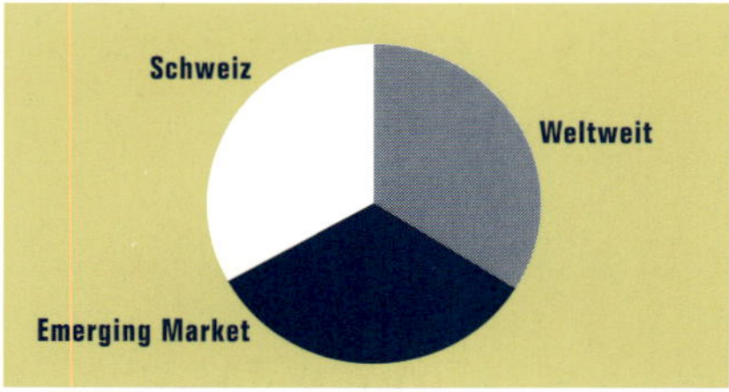

3 Aktienfonds: Schweiz-Welt-Schwellenländer (=Emerging Markets)
Z.B. 34%-33%-33%.

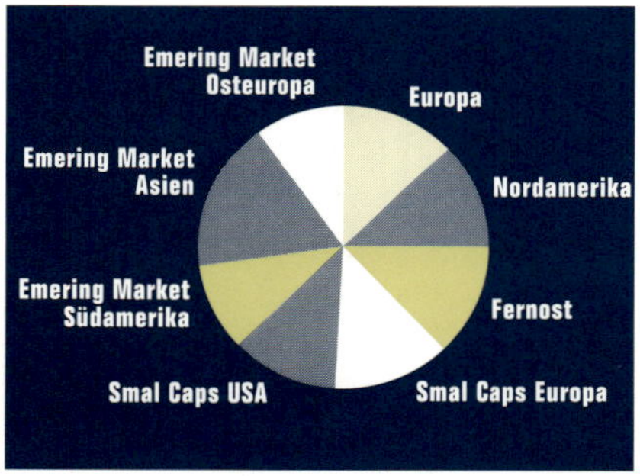

8-Aktienfonds-Weltstrategie:
Europa 13%, Nordamerika 12%, Fernost 13%, Small Caps (Nebenwerte, kleinere Unternehmungen) Europa 13%, Small Caps USA 12%, Emerging Markets Südamerika 10%, Emerging Markets Asien 17%, Emerging Markets Osteuropa 10%. Innerhalb dieser Aufteilung können Sie weiter aufgliedern, z.B. 7% Europa und 6% Schweiz.

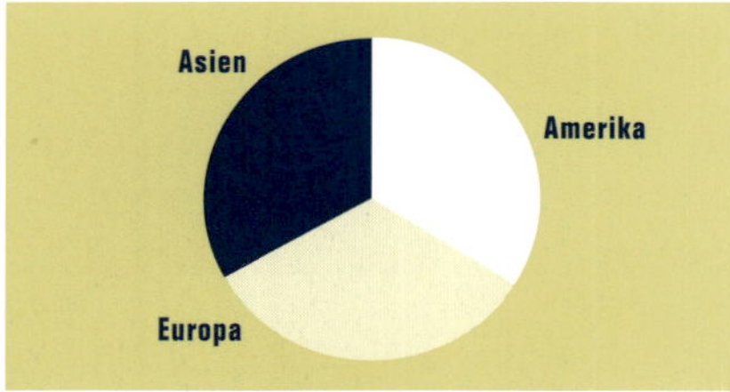

3-Kontinente-Strategie:
Drittelung in je einen Aktienfonds Asien, Amerika, Europa - ergab für jede 10-Jahres-Anlagedauer seit 1960 eine jährliche Durchschnittsrendite von mindestens 10% (gemessen mit Börsenindices und in Franken). Trick: Am Jahresanfang wird jeweils durch Käufe/ Verkäufe die Drittelung wiederhergestellt.

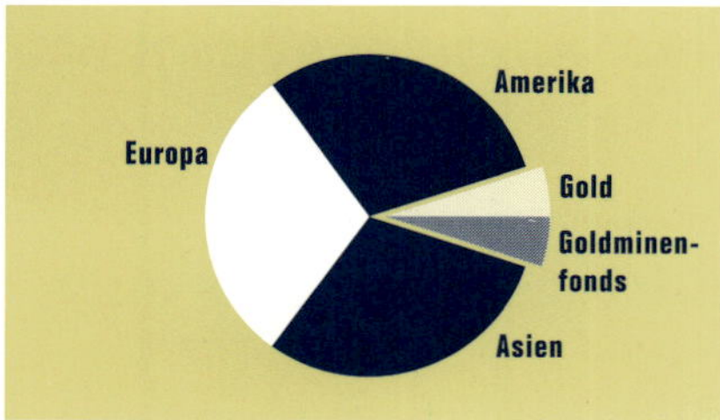

3-Kontinente-Strategie + Gold und Goldminenfonds:
Z.B. 30% Asien, 30% Amerika, 30% Europa, 5% Gold, 5% Goldminen.

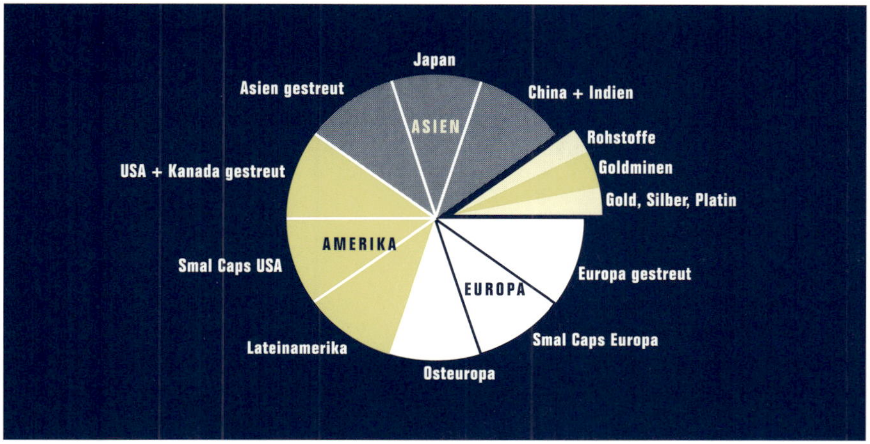

Universal-Depot:
30% Amerika
 10% USA + Kanada breit gestreut oder USA-Indexfonds
 10% Small Caps USA (kleine Unternehmungen)
 10% Lateinamerika
30% Asien
 10% Asien breit gestreut
 10% Japan
 10% China + Indien
30% Europa
 10% Europa breit gestreut oder Europa-Indexfonds
 10% Small Caps Europa
 10% Osteuropa
10% Gold und Rohstoffe
 3% Rohstoffe
 4% Goldminen
 3% Physisches Gold, Silber, Platin

Heute ist es leichter denn je, solche verzweigten prozentualen Aufteilungen auch mit einem relativ kleinen Vermögen zu verwirklichen. Es gibt Organisationen, die den bruchteiligen Kauf von Fondsanteilen offerieren. Dazu machen die flexiblen Tabellenprogramme im Personal Computer die prozentuale Aufteilung und Kontrolle zum automatisierten Kinderspiel.

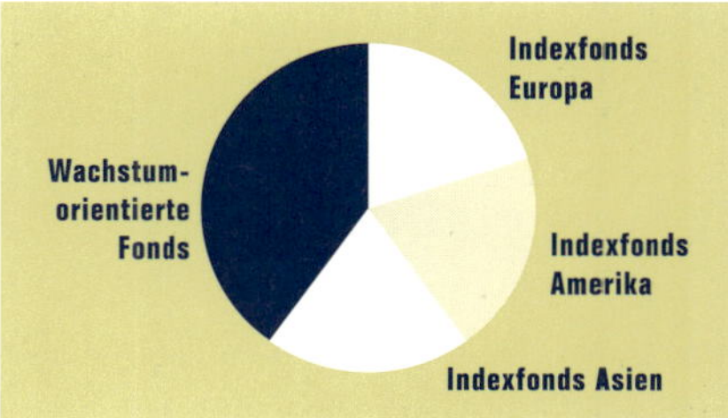

Indexfonds + «Zukunfts- oder Themenfonds»
Z.B. je 20% Indexfonds Amerika, Asien und Europa. Die verbleibenden 40% werden in Fonds von voraussichtlich wachstumsstarken geografischen Gebieten und Wirtschaftsbranchen investiert: Fernost generell, China, Indien, Lateinamerika, Technologie, drahtlose Telefonie, Biotechnologie, Small Caps (Kleinunternehmungen), Rohstoffe, Edelmetalle. Anlagen in Zukunfts- und Themenfonds schwanken meist deutlich stärker als der grosse Trend der Welt-Aktienmärkte. Hier kann, muss aber nicht, in Phasen der Übertreibung vom Prinzip «Kaufen und Liegenlassen» abgewichen und aktiver verkauft und zurückgekauft werden.

Welche dieser Strategien ist künftig die beste? Niemand kann das prognostizieren.

Entscheidend ist darum erstens, dass überhaupt für Vermögensteile mit einer Anlagedauer von 10 Jahren und länger eine Strategie mit Aktien und Sachwertanlagen gewählt wird.

Zweitens ist das Investieren in den Wachstumsmärkten und -branchen der Zukunft wichtig: China, Indien, drahtlose Telefonie, Biotechnologie usw.

Drittens ist für die nächsten Jahrzehnte eine grosse Nachfrage aus Asien nach Rohstoffen, einschliesslich Edelmetallen, absehbar. Die langfristigen Preistrends zeigen da nach oben.

Tips für die konkrete Fondswahl

1. Die sichere Wahl: Indexfonds

Kauf von Indexfonds. Solche Fonds werden exakt gemäss einem jeweiligen Index nachkonstruiert (z.B. Börsenindex eines Landes). Die Schwankungen mit einem Indexfonds beschränken sich auf die Ausschläge des Index. Damit ist das Risiko ausgeschaltet oder minimiert, dass der Fondsmanager in einem Rückgang des betreffenden Marktes mehr verliert als der Index. In verschiedenen scharfen Börseneinbrüchen der letzten Jahre haben Fondsmanager häufig nicht gerade eine gute Figur gemacht und oft die Risiken nicht gleichmässig verteilt.

2. Die solide Wahl: 10 Jahre die Nr. 1

Das ist die Wahl des Fonds mit regelmässig überdurchschnittlichen Resultaten über möglichst viele Jahre. Eine Erfolgsgarantie ist zwar auch dies nicht. Aber immerhin bietet ein Fonds, der nachhaltig gut gearbeitet hat, zuverlässigere Aussichten

Wählen Sie Fondsgesellschaften nach den folgenden Anforderungen aus:

Erstklassige Gesellschaften sollen sie sein.

Jahrzehntelange Erfahrung sollen sie haben.

als ein «Schönwetter-Fonds», der in einem günstigen Börsenzyklus gar nicht schlecht abschneiden konnte.

3. Die Personen-Wahl: Team und Marathon-Sieger

Nebst allen Errungenschaften der Portfolioanalyse ist die Kapitalanlage auch immer noch eine Kunst, die von der «Nase» des verantwortlichen Fondsmanagers abhängt. Am besten wählt man einen Fonds, der von einem Team 10 Jahre erfolgreich geleitet worden ist. Am zweitbesten: Wahl eines Fondsmanagers, der schon jahrelang für die gute Performance eines Fonds verantwortlich war und es immer noch ist. Zusammen mit 10 Jahren Spitzenresultaten ergibt dies ein äusserst vorteilhaftes Chancen/Risiko-Verhältnis.

4. Einen Berater heranziehen: Profi wählt Profi

Die Qualitäten der Fondsmanager sind meist nur Brancheninsidern geläufig. Im Normalfall ist es sinnvoll, dafür einen Berater zu konsultieren. Fragt sich nur: welchen?

Grosse Volumen in Milliardenhöhe sollen sie verwalten.

Überdurchschnittliche Resultate sollen sie vorweisen können.

Unter der Aufsicht einer anerkannten Behörde sollen sie stehen.

Beratung und Einkauf von Fonds: Bank oder Versicherung oder was?

Am naheliegendsten (auch geografisch) ist der Gang zu Ihrer Hausbank. Fast alle Banken bieten heute Fonds an, und viele verfügen über eine breite Palette, die verschiedenste Anlagewünsche abdeckt.

Vorteil: Sie bleiben bei Ihrer vertrauten Bankbeziehung, und Ihr Ansprechpartner dürfte sich im Fondssortiment oder der «Fondsfamilie» (von Banken, Versicherungen und Finanzgesellschaften) seiner Bank auskennen. Zudem kaufen Sie in der Regel relativ kostengünstig ein, solange Sie keine bankfremden Fonds einer anderen «Familie» wünschen.

Nachteil: Man wird Ihnen nur die Fonds der betreffenden Bank anbieten. Und die werden nicht in jedem Fall die besten sein. Zweiter Nachteil: Falls Sie trotzdem bankfremde Fonds einer anderen «Familie» kaufen, zahlen Sie gleich doppelte Gebühren, die Ankaufsgebühren des betreffenden Fonds und dazu noch die Courtagen (Börsengebühren) Ihrer Hausbank.

Ins Fondsgeschäft eingestiegen sind seit einiger Zeit die Versicherungen mit der Fondsgebundenen Lebensversicherung (siehe nebenan). Wie weit der Angebotsfächer Ihres Versicherungsberaters ist, hängt von der einzelnen Versicherungsgesellschaft und deren Fondsangebot ab. Von der Ein-Fonds-Police bis zum

Fortsetzung Seite 71

Fondsgebundene Versicherung: Fonds mit Versicherungsschutz und Steuervorteil

In der sogenannten Fondsgebundenen Lebensversicherung wird der Sparteil Ihrer Versicherungsprämie in Fondsanteilen angelegt. Der Wert Ihrer Lebensversicherung ist damit direkt abhängig von der Wertentwicklung der betreffenden Fonds.

Der Vorteil der Fondsgebundenen Versicherung im Vergleich zum Direktkauf von Fonds liegt vor allem im Steuervorteil: Der gesamte Wertzuwachs ist einkommenssteuerfrei. Voraussetzung bei der Einmaleinlage ist, dass die Laufzeit mindestens 10 Jahre und das Lebensalter der versicherten Person bei Auszahlung mindestens 60 Jahre betragen. Bei der Jahreseinlagen-Versicherung reicht eine Laufzeit von 10 Jahren, die Alterslimite fällt weg.

Je nach Angebot und Gesellschaft können Sie aus einer grösseren oder kleineren Anzahl verschiedener Fonds selbst Ihre Auswahl treffen. Auch hier stellt sich also die Frage: Welche Fonds können und sollen Sie wählen?

Geldwert-Fonds:
Im Rahmen einer Fondsgebundenen Versicherung wenig sinnvoll ist der Kauf von Obligationen- oder Geldmarktfonds. Die Rendite solcher Zinsanlagen orientiert sich im wesentlichen am Marktzinssatz. Den Marktzinssatz (oder eine Rendite nahe dabei) verdienen Sie aber auch mit der traditionellen (nicht-fondsgebundenen) Sparversicherung, nur dass da noch der wichtige Vorteil einer garantierten Mindestverzinsung hinzukommt. Wenn Sie also in Zinsanlagen investieren wollen, entscheiden Sie sich besser für die traditionelle Versicherungsvariante mit Garantie. Bei der traditionellen Versicherung sind auch die Randbedingungen für Steuerfreiheit weniger streng als bei der Fondsgebundenen (5 statt 10 Jahre Mindestlaufzeit beim Bund und den meisten Kantonen).

Sachwert-Fonds:
Die Fondsgebundene ist also nur eine echte Alternative zur konventionellen Versicherung, wenn Sie sich für Sachwerte (Aktien, Immobilien, Edelmetalle, Rohstoffe) entscheiden. Nur: Gerade bei Sachwerten bietet die Steuerbefreiung der Fondsgebundenen einen relativ geringen Zusatzvorteil im Vergleich zum direkten Fondskauf. Sachwertanlagen und -fonds sind ja ohnehin schon zu einem grossen Teil einkommenssteuerfrei (steuerfreie Kapitalgewinne, siehe Seite 24).

Prüfen Sie daher im Einzelfall, ob Ihre zusätzliche Steuerersparnis nicht durch die Kosten der Versicherung, die im Normalfall über den Kosten des Fonds-Direktkaufs liegen, aufgefressen wird.

Gebundene Vorsorge:
Steuerlich hochinteressant wird die Fondsgebundene Lebensversicherung dafür beim Einsatz für die sogenannte Gebundene Vorsorge (Säule 3a) mit steuerlich abzugsfähigen Prämien. Verschiedene Banken offerieren bereits Fonds- (bzw. Stiftungsanspruch-) Sparen im Rahmen von 3a-Konti. Die Versicherungswirtschaft ist da mit der Fondsgebundenen zurzeit etwas im Rückstand. Das Tauziehen mit den Steuerbehörden um die Randbedingungen ist noch im Gang.

Templeton
PIONEER
SKA
GARTMORE
INDOSUEZ
FUNDS
S
UBS
G
Fidelity
Investments

umfassenden Fondsspektrum findet sich alles. Wie bei der Bank gilt dann: Je eingeschränkter die Auswahl, desto grösser das Risiko, dass Ihnen der «falsche» Fonds angeboten wird. Umgekehrt gilt freilich auch: Je grösser die Auswahl, desto höher ist der Anspruch an Ihren Versicherungsberater, das (versicherungsfremde) Fondsgeschäft zu überblicken und zu verstehen.

Objektive Beratung finden Sie am ehesten bei einem unabhängigen Finanzberater, der niemandem verpflichtet ist als Ihnen. Achten Sie bei der Wahl Ihres (zukünftigen) Finanzberaters aber darauf, ob er schon lange im Geschäft ist, denn nur dann haben Sie Gewähr, dass er seit Jahren den Fondsmarkt beobachtet, Erfahrungen gesammelt hat und Ihnen so den besten Fonds in der Kategorie, für die Sie sich entscheiden, empfehlen kann. Und achten Sie auch darauf, dass er nicht durch Exklusivvertrag oder einseitige Provisionsvorteile an eine bestimmte Fondsfamilie gebunden, sondern echt interessenneutral ist.

Die Zahl der guten, interessenneutralen Berater für Anlagefonds wächst dauernd. Anlagefonds verbunden mit guten Strategien sind ein Wachstumsmarkt.

Fazit.

Von den Profis lernen wir:

1. Mit Fonds das Risiko senken und die Rendite erhöhen.
2. Kein Anbieter und keine Fondsfamilie hat in jeder Kategorie den besten Fonds.
3. Indexfonds und Fonds mit Langfrist-Erfolgsnachweis schützen vor Abenteuern.
4. Analyse des Fondsmanage-

ments und neutrale Auswahl ist alles.

⑤ Spesen und Kommissionen von Fonds sind oft sehr unterschiedlich. Für die Langfrist-Strategie über Jahrzehnte ist jedoch das gute Anlageresultat bedeutend wichtiger.

⑥ Am Anfang steht immer Ihre kluge, persönliche Spar-Planung.

Schlusswort

Sie haben es gelesen: Auf das soziale Netz ist kein Verlass, die nächste Inflation kommt bestimmt, eine weitere Erhöhung der Steuern ist sicher, und das Geld auf Ihrem Sparheft verliert in dieser Minute wieder an Kaufkraft.

Der beste Schutz dagegen sind Sie selbst: Entscheiden Sie sich für die etwas andere, neue Art zu sparen. Mit Hilfe der Ideen und Strategien unseres neuen Sparbuches kommen Sie schneller, komfortabler und zugleich sicherer an Ihr Ziel.

JML-Spar-Diskette für Ihre Geldplanung

In 20 Jahren Millionär: Bestimmen Sie Ihren persönlichen Sparfahrplan.

Falls Sie in 20 Jahren 1 Million besitzen wollen: Wieviel müssen Sie dafür monatlich zur Seite legen?

Oder: Falls Sie jährlich 15'000 Franken zur Seite legen können: Wo stehen Sie in 10 Jahren? Mit einer Sparanlage in Aktien. Oder in Obligationen. Oder von beidem ein bisschen.

Wieviel Rendite ist dafür nötig? Und welches Risiko müssen Sie dafür eingehen?

Gibt es überhaupt Anlagen, mit denen Ihre Ziele realisierbar sind?

Testen Sie Ihre Sparziele. Und ob Ihre Ziele mit Ihren Ersparnissen übereinstimmen. Wir unterstützen Sie dabei. Mit der JML-Spar-Diskette.

Die JML-Spar-Diskette:
Für Ihre persönliche Sparplanung

Die JML Spar-Diskette kann mit der dem Buch beiliegenden Karte bestellt werden. Fehlt die Karte oder wurde sie schon von jemand anderem benutzt, so kann die Diskette beim WERD VERLAG, Verena Conzett-Strasse 11, CH 8021 Zürch bestellt werden.

EDV-Voraussetzungen: IBM-PC oder kompatibel mit min. 386 CPU • 3.5" Diskettenlaufwerk • Windows 3.1 oder besser • VGA-Grafikkarte oder besser • Farbmonitor von Vorteil, aber nicht Bedingung • Netzwerk nicht unterstützt

Anforderungskarte beiliegend.

Lexikon

3-Säulen-Prinzip
Vorsorge-System in der Schweiz.
1. Säule = staatliche, obligatorische Altersvorsorge AHV
2. Säule = obligatorische betriebliche Vorsorge (Pensionskasse, BVG)
Säule 3a = steuerbegünstigtes freiwilliges Vorsorgesparen,
Säule 3b = Privatkapital.

AHV
= 1. staatliche Vorsorgesäule.

Aktie
Beteiligungspapier, mit dem man Mitbesitzer (Aktionär) einer Unternehmung ist. Ausgezahlter Ertrag ist die Dividende.

Allfinanz
Kombination von Versicherung und Anlagen wie in der Fondsgebundenen Lebensversicherung.

Anlagefonds
Gesellschaft, die je nach Fondsziel in Aktien, Obligationen, Währungen oder umfassenden Anlagedepots investiert. Als Anleger kauft man Fondsanteile oder Fondszertifikate.

Anlage-Police
Ein anderer Name für Kapitalversicherung.

Anleihe
= Obligation.

Anteilsgebundene Versicherung
= fondsgebundene Versicherung.

Asset Allocation
Englisch für die Aufteilung des Vermögens oder eines Depots in Aktien, Obligationen, Geldmarkt, Währungen, Fälligkeiten usw.

Baisse
Abwärtstrend in einem Anlagemarkt (auch englisch: Bear Market).

Bearish
Siehe Baisse.

Bond
Amerikanisch für Obligation.

Bonität
Finanzbegriff für die Qualität eines Schuldpapiers.

Bonus
Gewinnbeteiligung in einer Kapitalversicherung.

Branchenfonds
Anlagefonds, der in einer bestimmten Branche (Pharma, Erdöl, Technologie usw.) oder gemäss einem definierten «Thema» investiert.

Bullish
Siehe Hausse.

Call-Option
Recht zum Kauf einer Anlage zu einem bestimmten Preis.

Chart
Grafische Darstellung von Börsenkursen.

Cost averaging
Siehe Durchschnittspreis-Methode.

Coupon
Zinssatz für Obligationen oder für Geldmarktanlagen.

Depot
Gesamtvermögen oder Bestand aller Anlagen bei einer Bank (auch Portefeuille).

Derivative Finanzprodukte
= Optionen oder komplizierte Kombinationen aus Optionen mit Terminkontrakten.

Diversifikation
Wird das Vermögen auf mehrere Anlagen verteilt, reduziert sich das (Klumpen-)Risiko. Werden beispielsweise zu einheimischen Aktien auch ausländische zugefügt, so kann diese Diversifikation sogar einen höheren Ertrag bei tieferem (Schwankungs-)Risiko bringen.

Dividende
Jahres- oder Quartals-Ertragsausschüttung für eine Aktie.

Durchschnittsmengen-Methode
Regelmässiger Kauf der gleichen *Menge* Gold, Aktien usw.

Durchschnittspreis-Methode
Kostengünstiger Einkauf und Zukauf von Anlagen für den gleichen *Geldbetrag*; man kauft automatisch viel und günstig, wenn die Preise tief sind, aber wenig, wenn die Preise hoch sind.

Eidgenossen
Schweizer Staatsobligationen (Bund).

Einkommenssteuern
Bund, Kantone und Gemeinden besteuern sowohl Erwerbseinkommen wie auch Kapitaleinkommen, also Zinserträge, Dividenden von Aktien, Ausschüttungen von Anlagefonds. Weil für die meisten Leute Kapitaleinkommen zuoberst auf das Erwerbseinkommen draufkommt, ist die Steuerprogression (=Grenzsteuer) dafür die höchste. Es ist somit klug, möglichst steuerfreie oder steuerbefreite Investments anzuvisieren (siehe Steuerfreiheit).

Einmaleinlage, Einmalprämie
Einmalige Einzahlung in eine Versicherungspolice im Unterschied zur regelmässigen Prämienzahlung.

Erlebensfallversicherung
= Kapitalversicherung.

Euro-Anlagen
Quellensteuerfreie Zinsanlagen im europäischen Handel mit Schwerpunkten London und Luxemburg.

Festgeld
Kurzfristige Anlage mit festem Zins und fester Laufzeit, meist 3, 6, 9 oder 12 Monate.

Festverzinsliche
= Obligationen.

Fonds
Kurzform für Anlagefonds.

Fondsgebundene Versicherung
Kapitalversicherung, wo der Sparteil vom Versicherten selbst gemäss seiner Strategie in eine Auswahl von Anlagefonds investiert werden kann.

Fremdwährungen
Der Mehrzins in einer Fremdwährung bedeutet stets Risiko, dass nämlich der Fremdwährungskurs sinkt. Gegen Verluste mit Fremdwährungen sind Aktien des betreffenden Landes besser geeignet als Fremdwährungs-Zinsanlagen.

Future
Englisch für Termingeschäft.

Garantierter Zins
Siehe technischer Zins/Zinsfuss.

Geldwerte
Sind alle zinstragenden Schuldpapiere: Festgeld, Obligationen, Kassaobligationen, Sparanlagen, Kapitalversicherung. Vorteil: Der Schuldner garantiert Kapital und Zins. Nachteil: Meist vermag der Zinsertrag langfristig die Inflation nicht auszugleichen, wenn noch die Einkommenssteuer auf dem Zinsertrag und allfällige Spesen und Gebühren abgezogen werden.

Gemischte Versicherung/Police
Ein anderer Name für Kapitalversicherung.

Gewinnbeteiligung
Bonus, der neben dem garantierten Zins auf einer Kapitalversicherung gutgeschrieben (als Prämienvergünstigung) oder ausgezahlt wird.

Grenzsteuer
Individueller oberster Progressionssatz in der Einkommenssteuer; mit ihm muss man für Zinserträge, Dividenden und Ausschüttungen rechnen.

Hausse
Aufwärtstrend in einem Anlagemarkt.

Hedging
Absichern eines Investments gegen Kursrückgang, z.B. mit Put-Optionen.

Immobilienfonds
Anlagefonds, der in Immobilien investiert, meist in Mehrfamilien- oder Bürohäusern, manchmal auch in Industriebauten.

Indexierung, Indexklausel
Erhöhung von Renten oder Löhnen gemäss der Inflation.

Inflation
Steigerung des Preisniveaus. Mit einer jährlichen Inflationsrate von 3,5% verdoppeln sich die Preise alle 20 Jahre. Oder die Kaufkraft eines Frankens halbiert sich.

Inflationsanlagen
Siehe Sachwerte.

Inhaberaktie
Ist die «Normalaktie» in der Schweiz.

Investment
Neudeutsch für Kapitalanlage.

Investmentfonds/-trust
Anderes Wort für Anlagefonds.

Investmentpolice
= Kapitalversicherung.

Investmentzertifikat
= Anteilsschein an einem Anlagefonds.

Junk Bond
«Schrott»-Obligationen von schlechter Qualität/Bonität.

Kapitalauszahlung
Auszahlung der Pensionskasse, Stiftung oder Versicherung bei Pensionierung, Kündigung oder Ablauf.

Kapitalgewinn
= Kursgewinn.

Kapitalversicherung
Lebensversicherung mit einem zusätzlichen Sparteil für die Bildung von Privatkapital. Andere Namen dafür: Gemischte Versicherung/Police, Anlage-Police.

Kassaobligationen
Laufend neu herausgegebene «Obligationen» von Banken mit Laufzeiten von 3 bis 8 Jahren.

Konkursprivileg
Im Konkurs ist die eigene Familie vor den Gläubigern geschützt. Dies wird erreicht mit der Begünstigung in einer Kapitalversicherung.

Kostendurchschnitts-Methode
= Durchschnittspreis-Methode.

Kursgewinn
Positive Differenz zwischen Kauf- und Verkaufskurs eines Wertpapiers – siehe auch Steuerfreiheit.

Kurs/Gewinn-Verhältnis (KGV)
Aktienkurs einer Unternehmung geteilt durch deren Gewinn pro Aktie. Ein tiefes KGV signalisiert eine tiefe Börsenbewertung, ein hohes KGV eine hohe Börsenbewertung der Aktie oder auch des gesamten Aktienmarktes.

Lebensversicherung
Die reine Lebensversicherung (ohne Sparteil) ist eine Risikoversicherung und deckt während einer vereinbarten Anzahl Jahre nur das Risiko des Todesfalls.

Leibrente
Lebenslänglich ausgezahlte Privatrente.

Lombardkredit
Bankkredit, zu dessen Sicherheit Wertpapiere hinterlegt/verpfändet werden müssen.

Marchzins
Rechnerisch aufgelaufener Zins seit der letzten Zinszahlung. Wird eine Obligation vor dem Zinstermin verkauft, ist der gutgeschriebene Marchzins steuerfrei.

Marktzins
Aktuell marktüblicher Zins je nach Laufzeit einer Zinsanlage (Kassaobligation, Obligation).

Namenaktie
Aktie, deren Besitzer in das Aktienregister der entsprechenden Unternehmung eingetragen werden muss, damit der Aktionär stimmberechtigt ist.

Nullprozenter
Obligation mit 0% Zinscoupon. Rechnerisch erhält man den heutigen Kurs dieses Nullprozenters, indem der ausstehende Zins bis zur Rückzahlung vom Rückzahlungskurs abgezogen (=diskontiert) wird.

Obligation
Schuldpapier einer Unternehmung oder einer öffentlichen Behörde mit festem Zins und fester Laufzeit (= Urtyp der Obligation).

Optionen
Berechtigen zum künftigen Kauf (= Call) oder Verkauf (= Put) einer Aktie, einer Währung, eines Rohstoffs zu einem fixierten Preis in einer bestimmten Frist.

Optionsanleihe
Obligation mit einer angehängten Option, die meist zum Kauf von Aktien derselben Unternehmung berechtigt.

Pari
100% Nominalwert. Rückzahlungskurs einer Obligation zu 100% des Nominalwerts.

Partizipationsschein (PS)
Ist eine stimmrechtslose Aktie.

PE – Price-Earnings-Ratio
Englisch für Kurs/Gewinn-Verhältnis.

Pensionskasse
Siehe 2. Säule.

Performance
Gesamtertrag (Kursgewinn/Verlust + Ausschüttungen) in einer Zeitperiode.

Police
= Versicherungsvertrag.

Prämie
Vertraglich vereinbarte Zahlung für die Police.

Put-Option
Siehe Optionen.

Quellensteuer
Siehe Verrechnungssteuer.

Rating
Skala der Bonität oder Qualität für Obligationen, Aktien.

Realzins
Zins oder Rendite abzüglich Inflationsrate.

Rendite
«Direkte» Rendite: ausgeschütteter Ertrag in Prozent des (Einstands-)Kurses.
«Indirekte» Rendite: Kursgewinn bis zur Rückzahlung einer Obligation.
Beides zusammen ergibt die Gesamtrendite oder Rendite auf Verfall (englisch: Compound Yield).

Rendite auf Verfall
Siehe Rendite.

Rente
Regelmässiger Verzehr des Kapitalstocks oder Vermögens. Rente ist in Deutschland auch der Name für Obligation.

Rentenversicherung
Garantierte Rente bis ans Lebensende (= Leibrente) oder für einen bestimmten Zeitraum (= Zeitrente).

Risiko
Gefahr eines Verlusts, weil
...der Markt oder die entsprechende Wertanlage sinkt (= Marktrisiko)
...eine Firma oder eine Behörde zahlungsunfähig wird (= Bonitätsrisiko)
...einseitig in nur einen oder nur wenige Anlagen investiert wird (= Klumpenrisiko)
...man sich von Emotionen, Gier und Angst anstecken lässt und falsche Entscheidungen trifft (= Managerrisiko)
...die Inflation die Rendite auffrisst (= Inflationsrisiko).

Risikoversicherung
Siehe Lebensversicherung.

Rückgewähr
(auf einer Rentenversicherung)
Mit Rückgewähr: Stirbt ein Rentner früh, erhalten seine Erben das noch nicht aufgebrauchte Alterskapital. Ohne Rückgewähr: Die Erben erhalten nichts, dafür ist die Rente höher.

Sachwerte
Anlagen, mit denen man Teilhaber und Mitbesitzer ist (im Gegensatz zu Geldwerten/Zinspapieren, wo man auf die Zins- und Rückzahlung des Schuldners angewiesen ist). Sachwerte sind: Aktien(fonds), Immobilien(fonds), Edelmetall(fonds), Wertgegenstände.

Vorteil: Sachwerte haben langfristig eine höhere Rendite und schützen besser vor Inflation als Geldwerte.
Nachteil: Nichts ist garantiert, der Anlagewert ist den Schwankungen des Anlagemarktes und der einzelnen Anlage unterworfen.

Selbstvorsorge
Freiwillige private Säule 3, siehe 3-Säulen-Prinzip.

Sparen
Ziel-Sparen – für bestimmte Ziele.
Fix-Sparen – regelmässig eine fixe Summe.
Saldo-Sparen – das, was übrig bleibt.
Proporz-Sparen – z.B. immer 15% des Einkommens.
Siehe auch Turbo-Sparen.

Steuerfreiheit
Kapital- und Kursgewinn mit Aktien oder Obligationen ist in der Schweiz steuerfrei. Ausnahme Kanton Graubünden: erst nach 10 und mehr Jahren Anlagedauer. Steuerfrei sind generell die Erträge in Kapitalversicherungen mit Prämienzahlung. Für Einmaleinlagen gibt es kantonale Unterschiede. Steuerfreiheit hat man aber in fast allen Kantonen und beim Bund, wenn die Laufzeit der Police mindestens 10 Jahre beträgt und die Rückzahlung erst nach dem 60. Geburtstag erfolgt.

Steuerprogression
Siehe Einkommenssteuer.

Stockdividende
Es werden Gratisaktien statt einer Bar-Dividende ausgeschüttet.

Swap
Kombinierte Kauf- und Verkaufsoperationen (swap = austauschen).

Technischer Zins/Zinsfuss
Garantierte Minimalverzinsung auf dem Sparteil einer Police.

Termingeld
= Festgeld.

Termingeschäft
Vertrag zum Kauf oder Verkauf von Anlagen zu einem fixierten Preis und einem fixierten Termin.

Thesaurierung
Zinsen, Dividenden, Ausschüttungen werden nicht ausgezahlt, sondern automatisch wieder angelegt (re-investiert).

Thesaurierungsfonds
Anlagefonds mit automatischer Wiederanlage der Ausschüttung.

Tiefprozenter
Obligationen mit tiefem Zinscoupon. Liegt dieser unter dem gegenwärtigen Marktzins, bringt die Obligation einen (steuerfreien) Kursgewinn bis zur Rückzahlung zu pari.

Timing
Wahl des Zeitpunkts von Kauf oder Verkauf einer Anlage. Perfektes Timing: kaufe tief, verkaufe hoch.

Treasury Bills, T-Bills
Kurzfristiges Festgeld des US-Schatzamtes.

Treasury Notes/Bonds, T-Notes/T-Bonds
Länger- und langfristige Obligationen des US-Schatzamtes.

Trend
Auf- oder Abwärtsbewegung in einem Anlagemarkt von mindestens 12 Monaten Dauer. Lange Trends: siehe Zyklus.

Turbo-Sparen
Den eigenen Sparpfad vorgeben, z.B. 10%, und das Manko regelmässig aufzahlen (aus dem Lohn, Gratifikation, Nebenverdienst).

Überschussbeteiligung
= Gewinnbeteiligung.

Verrechnungssteuer
Schweizer Quellensteuer von (international hohen) 35% auf Zins-, Dividenden- und (meistens) Fondsausschüttungen. Verrechnungssteuerfreie Frankenanlagen in grosser Zahl sind auf dem Euromarkt erhältlich.

Vorzugsaktie
Hat gemessen an der Inhaberaktie mehr Stimmen an der Generalversammlung und/oder eine garantierte Mindestdividende.

Wandelobligation
Eine Obligation, die innert einer bestimmten Frist in Aktien derselben Unternehmung umgewandelt werden kann.

Zeitrente
Privatrente, die auf einen festen Zeitraum befristet ist.

Zerobond
Siehe Nullprozenter.

Zins
Ist der «Preis», den das zur Verfügung gestellte Geld kostet: Ausschüttungen auf Spar- und Bankkonti sowie auf Zinspapieren.

Zinseszins
Zins auf dem Zinsertrag. Oder auf einer Zinsschuld. Der Zinseszins beschleunigt das Geldguthaben oder die Geldschuld immer progressiver nach oben, je länger er einwirken kann.

Zyklus
Jahrelang anhaltende grosse Auf- und Abwärtsbewegungen an den Anlage-, Zins-, Währungsmärkten sowie in der Wirtschaft.

Noch mehr über Kapitalanlagen und Fonds...

Bücher

Demuth Michael:
Geldanlage mit Investmentfonds,
Gabler Verlag 1994

Gburek Manfred:
Investmentfonds, Wege zum Reichtum,
Gabler Verlag 1991

Fehrenbach Peter:
An Investmentfunds verdienen –
Chancen, Risiken und Anlagestrategien,
Rudolf Haufe Verlag 1991

Küntzel Uwe:
Empfehlenswerte Kapitalanlagen,
H+G Verlags- und Vertriebs GmbH 1994

Lattmann Jürg M./Trachsler Jacques:
Das Buch vom Geld,
Fortuna Finanz Verlag 1992

Lattmann Jürg M./Trachsler Jacques:
Ihre 1. Million. Kein Wunschtraum – Wie Sie mit den richtigen Strategien Vermögen aufbauen und vermehren,
Fortuna Finanz Verlag 1992

Päsler Rüdiger:
Handbuch des Investmentsparens,
Gabler Verlag 1991

Trachsler Jacques:
Sparen, Cash und viel Rendite,
Zyklen Trend Verlag 1994

Wachtendorf Egon:
Reich mit Fonds, Optimale Investmentfonds-Depots – Höchste Rendite – Erfolgreiche Strategien
Verlagsgruppe Handelsblatt GmbH,
DM das private Wirtschaftsmagazin 1994

Winteler Ernst-Uwe:
Geldanlage, Gewinne erzielen, Fehler vermeiden, Verlag moderne industrie 1991

Fondsführer

Schweiz: Finanz und Wirtschaft, Zürich, Invest-Anlagefonds 19.., Beilage, erscheint jährlich ca. März

Schweiz: Neue Zürcher Zeitung, Zürich, Anlagefonds, Beilage, erscheint jährlich ca. Ende Januar

Schweiz: Bilanz/Bopp,
Bilanz-Verlag, Zürich, Fondsführer 19..,
erscheint jährlich ca. April
(Auszüge aus dem Fondsführer werden periodisch in der «Bilanz» publiziert)

BRD:Verlag Hoppenstedt, Darmstadt, Vademecum der Investementfonds 19..,
erscheint jährlich im Juni

Österreich: Trend, Wirtschaftsmagazin, Hitparade der Investmentfonds, erscheint jährlich zu Jahresbeginn

Fondslisten

Schweiz: Cash, 400 Schweizer Anlagefonds, erscheint wöchentlich

Schweiz: Finanz und Wirtschaft, erscheint 2x wöchentlich

BRD: DM-Fonds Aktuell,
Daten, Analysen, Rankings,
erscheint wöchentlich

BRD: Wirtschaftswoche

BRD: Börse onLine

sowie in allen wichtigen Wirtschaftsmagazinen